KB115556

스타가
만들어지기까지

스타가 만들어지기까지

발행일   2020년 6월 5일

지은이   드래곤제이
펴낸이   손형국
펴낸곳   (주)북랩
편집인   선일영   편집   강대건, 최예은, 최승헌, 김경무, 이예지
디자인   이현수, 한수희, 김민하, 김윤주, 허지혜   제작   박기성, 황동현, 구성우, 장홍석
마케팅   김회란, 박진관, 장은별
출판등록 2004. 12. 1(제2012-000051호)
주소   서울특별시 금천구 가산디지털 1로 168, 우림라이온스밸리 B동 B113~114호, C동 B101호
홈페이지   www.book.co.kr
전화번호   (02)2026-5777   팩스   (02)2026-5747

ISBN   979-11-6539-226-0 03680 (종이책)   979-11-6539-227-7 05680 (전자책)

이 도서의 국립중앙도서관 출판예정도서목록(CIP)은 서지정보유통지원시스템 홈페이지(http://seoji.nl.go.kr)와
국가자료공동목록시스템(http://www.nl.go.kr/kolisnet)에서 이용하실 수 있습니다.
(CIP제어번호: 2020022003)

(주)북랩 성공출판의 파트너

북랩 홈페이지와 패밀리 사이트에서 다양한 출판 솔루션을 만나 보세요!

홈페이지 book.co.kr   •   **블로그** blog.naver.com/essaybook   •   **출판문의** book@book.co.kr

How to become a K-pop star

스타가
만들어지기까지

드래곤제이 지음

**오디션부터 트레이닝, 전속 계약까지
스타 탄생 뒤에 숨겨진 연예계 A to Z**

**아이돌 그룹 제작 비용, 3대 기획사 신곡 수급,
가수 기획사 프로듀싱과 마케팅 방법 수록**

북랩 book Lab

사랑하는 어머니께
이 책을 바칩니다

추천사

회계 법인에서 회계사를 시작으로 김앤장 법률 사무소를 거쳐 지난 20년간 플래너스엔터테인먼트, YTN미디어, CU미디어 그리고 지금의 딜라이브 미디어 그룹을 경영했다. 이 분야에 오랫동안 종사하고 있는 인연으로, 한국 미디어 엔터테인먼트 산업의 전문 경영인으로서 다양하고 답하기 어려운 질문을 종종 받는다.

"한국의 미디어 콘텐츠 엔터테인먼트 산업 미래에 대한 전망은?"
"한류 붐은 지속될 것인가?"
"엔터테인먼트 산업에는 어떤 다양한 직군이 있는가?"
"어떻게 하면 가수/배우가 될 수 있는가?"

그때마다 의문점을 쉽게 설명할 수 있는 책이 필요하다고 느끼면서 '나의 경험을 바탕으로 책을 한번 써 볼까?'라는 유혹에도 차일피일 시간만 흘러가고 있을 즈음이었다. 다양한 엔터테인먼트 산업의 필드 경험을 가졌으며, 엔터테인먼트 산업 전반을 조사, 연구, 분석하는 증권사 베스트 애널리스트 출신으로 현직에 있는 필자의 책이 발간되니 반가운 마음이다.

스타가
만들어지기까지

필자의 분석력과 진정성이 가슴에 와닿는다. 일반인은 물론 이 분야에 종사하고 있는 많은 사람에게도 엔터테인먼트 산업 전반에 대한 이해에 큰 도움이 될 것이라 생각한다. 또한, 엔터테인먼트 산업에 대한 투자와 비즈니스를 하는 사람, 취업하고자 하는 취업 준비생, 연예인을 꿈꾸는 미래의 스타들에게 좋은 길잡이가 되는 것은 물론, 스타를 꿈꾸는 자녀를 둔 부모님들에게도 현실적이고 생동감 있는 진로 지도가 되리라 생각한다.

문화 콘텐츠 산업과 엔터테인먼트 산업 전반은 4차 산업 혁명 시대에 다른 산업과의 융합과 재창조를 통해 한국의 미래 유망 산업으로 자리매김할 것이라 믿는다.

이 책은 한국의 엔터테인먼트 산업 발전에 기여할 것이라는 기대감을 갖게 한다. 또한, 직접 발로 뛰며 쓴 책이라는 것을 느낀다. 아무쪼록 이 책이 한국 엔터테인먼트 산업 전반에 대한 인식 재고를 가져오는 것은 물론, 건전하고 정확한 인식으로 산업이 더욱 발전할 수 있는 계기가 되기를 바란다. 필자의 노고에 이 분야의 경영자로서, 선배로서 든든한 마음과 함께 무한한 찬사를 보낸다.

㈜딜라이브 대표이사 전용주

책을 내면서

톱스타 연예인 1인의 연간 매출액 500억 원,

연예인 지망생 200만 명 시대!

예전 '딴따라'에 비유되던 직업으로서의 연예인은 이제 호랑이 담배 피우던 시절의 이야기가 되어 버렸고, 톱스타 1인의 연간 매출액은 어지간한 중소기업의 연간 매출액과 맞먹는다.

최근 청소년들의 장래 희망 1순위가 연예인이고 실제로 연예인 지망생이 200만 명에 달한다고 한다. 과거 장래 희망으로 변호사, 의사, 과학자, 선생님 등이 상위에 오른 것과 비교하면 세상이 달라져도 참 많이 달라졌다.

이처럼 연예인, 즉 스타들의 사회적 위상은 과거와는 크게 달라졌으며 스타가 가지는 사회적, 경제적, 문화적 영향력은 국내뿐 아니라 해외까지 엄청난 파급력을 가진다. 특히 톱스타의 경제적 영향력은 상상을 초월한다.

연예인 지망생 200만 명 시대이다. 연예 기획사에서 가수, 배우의 매니저로 일하며 국내외의 수많은 청소년의 꿈이 연예인이라는 것을 알았고, 그곳에서 성공과 좌절의 갈림길에서 울고 웃는 많은 사례를 보았다. 그러한 배경 때문인지 증권사 엔터테인먼트 산업 담당 애널리스트로 일하던 시절, 임원들의 자녀 진로로 연예계 진출에 대하여 많은 질문을 받았으며, 당시 작성한 보고서 〈스타가 만들어지기까지〉가 주식 시장에서 많은 관심을 받았다. 연예인을 TV 등 다양한 매체에서 접하면서도 실제 그들이 어떻게 탄생하는지 우리 일반인들은 막연하게 알 뿐, 구체적이고 실제적인 메커니즘을 잘 모른다. 우리가 대학교 입시나 취업을 준비할 때는 다양한 기관, 매체 등에서 입시 전략, 취업 전략에 대하여 가이드 라인 제시와 조언 등을 해 준다. 그러나 연예인이 어떻게 되는지, 어떠한 과정들을 거치는지, 어떠한 분야를 선택해야 하는지에 대하여 구체적으로 이야기해 주는 사람은 아무도 없다. 필자는 이러한 궁금증을 풀어 주고자 이 책을 쓰게 되었다.

최근 제2의 한류 붐이 일어나고 있다. 한류의 열풍이 가깝게는 중국, 동남아시아, 미국의 청소년들부터 멀리는 유럽과 남미 국가의 청소년들까지 영향을 미쳐 그들의 장래 희망도 연예인이라고 한다. 그만큼 한류의 파급 효과는 그 어느 때보다 커져 있고, 많은 이가 한류를 동경하고 궁금해한다. 이 책에서 필자는 엔터테인먼트 산업에서 연예인 매니저, 영화 제작 등을 하며 경험했던 것과 엔터테인먼트 산업 전문 애널리스트로 일하면서 습득한 지식을 엔터테인먼트 산업 종사자, 향후 엔터테인먼트 산업에 투자와 비즈니스를 하고자 하는 사람, 이 분야에서 일하고자 하는 취업 준비생들, 엔터테인먼트 산업의 주인공인 연예인이 되고 싶어 하는 청소년들, 그리고 그들을 자녀로 둔 부모들에게 조금 더 현실적이고 생동감 있는 이야기로 들려주고자 한다.

연예인이 되는 길은 멀고도 험난하며, 톱스타가 되는 경우는 극히 제한적이다. 미국 할리우드의 한 통계를 보면 과거 12년 동안 2만여 명의 배우 중 단 12명만이 스타급 배우가 되었다고 한다. 그만큼 연예인은 많지만 스타가 되기는 정말 '하늘의 별 따기'만큼 힘든 일이다.

문화 콘텐츠와 엔터테인먼트 산업은 미래의 다른 산업과의 융합, 재창조를 통한 무한한 발전 가능성이 있으며 한국의 미래 먹거리 산업으로 성장할 것이다. 따라서 엔터테인먼트 산업에서 꼭 연예인만 고집할 것이 아니라 연예 관련 다양한 직종에 대해서도 관심을 가질 필요가 있다. 간단하지만 연예 관련 다양한 직종에 대해 알찬 정보를 담으려 노력하였고, 많은 청소년이 간접적 진로 체험으로 이 책을 유용하게 활용할 수 있을 것이다. 이 책에서는 가수 제작 시스템, 탄생 과정, 배우가 되는 과정 등과 함께 지망생이 기획사에 소속되면 어떤 커리큘럼을 받고 성장해 나가는지에 대해 자세하게 설명하였다.

"미래는 누군가 만들어 주는 것이 아니라 강인한 의지와 노력으로 내가 만드는 것"이라는 말을 명심하고 이 책을 읽는 모든 사람이 꿈에 한 걸음 다가가기를 바란다.

목차

추천사   6

책을 내면서   8

스타, 그들이 문화 자본이며 소프트 파워의 근원이다   18

　스타는 그 자체가 하나의 문화 콘텐츠다   20

　국내 한 전자 회사 해외 영업 부장의 이야기   21

조용필에서 빅뱅, 엑소, 방탄소년단까지: 한국 가요 시장의 변천사   23

　가요 시장에서도 '개천에서 용 나던 시대'는 지났다   25

　올림픽 선수 선발 시스템의 K-pop 아이돌 육성 시스템 이식   25

　스타가 만들어지는 시대   26

Interview 1   싸이더스 창업자 **정훈탁 대표**   29

음반 산업의 생태계   38

　기획사의 잘 짜인 시스템에 의해 탄생하는 가수들   39

배우 매니지먼트 산업의 생태계   41

　배우가 되기 위해선 발레 연습까지   42

　톱 배우가 되고 난 뒤 찾아오는 변화   44

　역시 외모는 중요하다, 하지만 끼가 없다면 팥소 빠진 찐빵일 뿐   45

　한 작품이 배우의 평생을 좌지우지하기도 한다   46

　영화배우? 드라마 배우?   47

Interview 🎙 **2**   배우 **류승수**   51

연예인 지망생 200만 명 시대! 스타가 되기까지   57

Pick me, Pick me, Pick me up! 얼짱을 찾아라 - 캐스팅 편 ❶   57

필수 요건, '끼'가 충만한 자를 찾아라 - 캐스팅 편 ❷   60

연예인 인턴 과정: 인성과 끈기를 본다   62

다이어트! 연습생들에게 가장 힘든 유혹 '야식', 치킨은 꿈나라 이야기   64

외모 업그레이드, 성형 수술은 필수인가요?   64

무대에 서는 당일까지 회사의 대표도 데뷔는 장담 못 한다?   65

좋은 소속사 고르는 방법, 돈을 요구하는 회사는 절대 No!   66

상호 간의 신뢰: 계약서 작성   68

본격적 연습생 생활의 시작   70

배우 연습생 생활   71

가수 연습생 생활   72

Interview 🎙 **3**   C.A.S.T 연기 아카데미 **노경준 원장**   75

음반 제작 프로세스: 성공 여부는 작곡가·프로듀서의 역량   82

프로듀서·작곡가는 핵심 엔지니어 격   84

3대 기획사 음반 제작 프로세스   86

Interview 🎙 **4**　비트박서 **빅맨**　89

다양해진 가수 기획사의 마케팅 기법　93

　사전 마케팅　94
　제휴 마케팅　96
　팬덤 마케팅, 매출의 시발점　97

마케팅 프로세스　99

　유통사 마케팅, 음원 차트 조작?　99
　소셜 미디어 마케팅, EXID의 차트 역주행　100
　언론 마케팅　101
　가수 매니저의 부단한 영업 활동　102
　가수 매니저의 음악 방송 생방송 날의 하루　105

Interview 🎙 **5**　**MCN 사업 김대성 본부장**　111

신인 그룹 데뷔와 신곡 발표 비용　116

　50억 원이나 든다고?
　중소기업 연간 운영 비용과 맞먹는 아이돌 그룹의 '탄생 비용'　116
　활동 비용 6주에 5억 원!　117

톱 가수가 되고 난 후에 찾아오는 변화　119

전용기를 이용하다　119
예능 프로그램 섭외 전쟁　120
팬들의 조공이 시작되다　120

Interview 🎤 **6　god 데니안**　123

연예인 매니지먼트　126

한국 매니지먼트 산업의 성장 과정　126
SBS 등장으로 본격적 매니지먼트 시대 시작　127
가수 매니지먼트와 배우 매니지먼트　128
연예 매니지먼트 시스템이란　129
스타 위주의 제작 시스템, 그보다는 우수한 콘텐츠가 우선이다　130
드라마 <응답하라> 시리즈로
서인국, 정우, 유연석, 박보검 등의 슈퍼스타가 탄생　132
스타에게 집중되는 수익 구조, 고질적인 악순환　133

국내 연예 매니지먼트 시스템의 문제점　136

불공정 계약·노예 계약 연예인은 회사 소유물인가　137
축구 선수의 이적료와는 다른 개념,
연예인과 소속사의 불합리한 전속 계약금　139
톱스타들의 과도한 수익 배분율 폐해는 콘텐츠의 부실로 이어진다　140
연예 매니지먼트와 제작사의 엄격한 분리가 필요하다　142
글로벌화에 따른 전문 매니저가 필요한 시대　143

Interview 🎤 **7**   골드메달리스트 **신필순 대표**   **145**

할리우드 에이전시 시스템   150

할리우드와 다른 점   150
스튜디오 시스템에서 에이전시 시스템으로   152
미국 연예 매니지먼트 산업의 특징   153
에이전시와 매니지먼트사의 차이점   154
에이전시=헤드헌터=부동산 중개인?   155
할리우드의 블록버스터 영화 대부분은 '패키지 딜'을 통해 탄생한다   157
에이전시와 매니지먼트의 역할   158

일본 매니지먼트   161

프로덕션 중심의 매니지먼트 시스템   161
종신 고용 시스템, 노후를 보장받는 일본의 연예인   162
대형 아카데미를 통한 연예인 육성 시스템   163

한국의 연예 매니지먼트 산업이 나아가야 할 길   165

합리적인 '출연료 등급화' 시스템 구축   165
전속 계약금 폐지&에이전시 시스템 도입   165
역량 있는 '연예인 매니저' 육성 필요   166

매니저란   168

매니저의 정의   168
고도의 분석력과 기획력을 필요로 하는 요즘의 매니저   169
매니저 구분   171
직업으로서 매니저의 매력   173

Interview 8   **iHQ 김상영 본부장**   175

연예 산업 직군   178

　　프런트 오피스(Front Office)   178
　　미들 오피스(Middle Office)   179
　　백 오피스(Back Office)   180

Interview 9   **개그우먼 홍현희**   183

책을 마치면서   187

부록

　　연예인의 마음가짐   190
　　대중문화예술분야 연습생 표준전속계약서   192
　　청소년 대중문화예술인 표준부속합의서   201

스타, 그들이 문화 자본이며
소프트 파워의 근원이다

21세기로 들어서면서 세계는 부국강병을 토대로 한 하드
파워(hard power), 경성(硬性)국가의 시대에서 문화, 예술을
토대로 한 소프트 파워(soft power), 즉 연성(軟性)국가의 시대로
접어들었다. 문화의 세기인 21세기는 소프트 파워(soft power)를
가진 나라가 헤게모니를 장악할 것이다.

― 조지프 S. 나이, 『소프트 파워』 중에서

연예 매니지먼트 산업은 최근 하나의 독립된 산업으로서 주목받
기 시작했다. 이는 '대중문화의 산업화'라는 경제적 효과뿐만 아니
라 국가 간의 대중문화 유통과 소비가 확대되면서 산업과 경제, 정
치에 미치는 간접적 문화 효과도 중시되고 있기 때문이다. 21세기
는 군사적, 경제적 자원으로 상대방을 제압하여 헤게모니를 장악
하는 것이 아닌, 이른바 연성 권력(soft power)의 시대이다. 미국 하
버드 케네디 스쿨의 대학원장인 조지프 나이(Joseph S. Nye Jr.) 박
사는 강제력보다 매력을 통해 자신이 원하는 결과를 얻어 낼 수 있
는 능력이 '소프트 파워'라고 하면서, "한 국가가 소프트 파워를 행
사할 수 있다면 강제적 방법에 드는 비용을 들이지 않고도 정치적
정책적 목적을 달성할 수 있다."라고 하였다. 이 말은 21세기는 군사
력이나 경제력으로 비유되는 하드 파워가 아니라 '소프트 파워', 즉

스타가
만들어지기까지

대중문화의 지배력이 국력을 좌우한다는 뜻이다.

21세기는 문화 콘텐츠의 힘이 국력인 시대이다. 미국이 세계의 리더인 것에는 다양한 이유가 있겠지만 그 배경 중 큰 부분을 차지하고 있는 것이 바로 그들의 문화 콘텐츠 산업이다. 매월 쏟아져 나오는 할리우드의 영화와 음악, 디즈니의 무한한 콘텐츠 저작권 매출을 보면 그들이 문화적으로 세계를 지배하고 있다고 해도 무방하다. 미키마우스, 이티(E.t.), 터미네이터, 레오나르도 디카프리오, 톰 크루즈 등의 이름은 적어도 TV가 보급된 국가에서는 그 방식이 TV든 영화든 한 번씩은 접해 보거나 들어 보았을 것이다. 사실 전 세계는 미국의 할리우드 문화에 의해 점령되어 있다. 많은 이가 미국의 문화 콘텐츠를 다양한 방식으로 받아들이고 동경한다. 그만큼 문화 콘텐츠의 영향력은 생각보다 강하고 우리 생활에 깊숙이 자리 잡고 있다. 무의식중에 생활의 일부처럼 청바지를 입고, 야구모자를 쓰고, 힙합 음악을 들으며 맥도날드를 즐겨 먹는 요즘, 우리는 자신도 모르게 그들의 문화에 깊숙이 들어가 있는 것이다.

2000년대 들어 드라마 〈겨울연가〉와 가수 '보아'를 시작으로 본격적인 한류가 시작되었다. 이러한 한류 문화 콘텐츠의 파급력이 가깝게는 중국, 일본을 비롯하여 동남아시아, 미국 멀리는 유럽, 남미까지 널리 퍼져 나가고 있다. 높은 수준의 한국 음악과 드라마 등 콘텐츠의 글로벌화에 따라 가수와 배우, 스타들이 한류 콘텐츠

파급의 최전선에 있다. 바로 스타, 그들이 문화 자본인 것이다.

★스타는 그 자체가 하나의 문화 콘텐츠다

이와 같은 '소프트 파워(Soft Power)'의 중심부에 위치하고 있는 것 중의 하나가 대중 스타와 연예인을 관리하는 연예 매니지먼트 영역 이다. '딴따라'에 비유되었던 시절에서 벗어나 대중문화의 막강한 플레이어로서 연예 매니지먼트의 사회적, 산업적 위상도 가파르게 상승하였으며 특히 아시아 지역을 넘어서 유럽과 남미까지 불기 시 작한 한류는 그 성장세가 아직 멈추지 않았으며 양적으로나 질적 으로 더욱 성장할 것이다.

이러한 한류의 중심에는 영화, 드라마, 음악 등의 우수한 콘텐츠 와 함께 콘텐츠의 행위 주체인 스타가 있다. 영화 또는 드라마 자체 의 소비는 대부분 일회성이지만, 여기에 출연했던 배우들의 존재감 은 다양한 부가가치로 상품화되어 지속적으로 사람들에게 소비된 다. 다시 말해, 스타들의 활약이 없었다면 한류가 지속되지도 못 했을 뿐만 아니라 한국 음식 먹기, 한글 배우기, 관광객 증가, 각종 한국 관련 상품 구입 러시와 같은 한국 관련 소비 형태 또한 유발 되지 못했을 것이다. 물론 팬들의 스타에 대한 애정은 배우의 경우 극 중 캐릭터, 가수의 경우 귀에 쏙쏙 들어오는 음악에서 시작된 다. 이에 따라 양질의 콘텐츠에 기반하여 스타가 탄생한다는 사실

스타가
만들어지기까지

에는 의심의 여지가 없다. 이러한 우수한 콘텐츠를 대중들이 지속적으로 소비하게 하고 부가적인 가치를 창출하는 것이 스타의 몫이다. 따라서 한류의 생명력을 연장하고 주도하고 있는 것은 콘텐츠 자체의 우수성과 함께 스타의 힘이 크다고 볼 수 있다.

★ 국내 한 전자 회사 해외 영업 부장의 이야기

국내 전자 대기업 'L' 사의 해외 영업을 담당하는 김 부장(42세)은 지난해 5월 신규 제품 프로모션차 중국을 방문했다. 중국 'S' 사의 웨잉 부장과의 미팅은 예전과는 달리 너무나 부드러운 분위기에서 성공적으로 마칠 수 있었다. 그 배경에는 중국에서 엄청난 인기를 얻었던 드라마 〈태양의 후예〉가 있었다. 불과 4~5년 전만 해도 해외 거래선과의 비즈니스 미팅이나 파티에서 이야깃거리가 없어서 서먹한 대화가 이어졌다. 그러나 요즘은 한국 드라마와 영화 또는 한류 스타로 쉽게 이야기를 풀어 가고 이는 자연스럽게 비즈니스 대화로 이어진다. 그는 "바로 이게 '문화의 힘'인 것 같다."라며 "한류 덕분에 정말 한국의 위상이 달라졌다는 느낌이 든다."라고 말했다.

세계적인 화장품 브랜드인 시세이도의 명예 회장 후쿠하라 요시하루는 "21세기는 문화가 최고의 자본이다."라고 하였다. '경제 자본'을 중심으로 움직이던 세상이 '문화 자본'에 의해 움직이는 시대로 바뀐 것이다. 그 문화 자본의 최선봉에 서 있는 얼굴이 바로 '스타'인 것이다. 세계적으로 인기를 얻는 한국인 스타의 탄생은 단순히 외국인이 한국인 스타를 좋아한다는 정서적인 측면에서 끝나는 것이 아니라, 그 스타가 갖는 문화성과 상업성까지도 소비한다는 점에서 고부가 가치의 문화 자본을 얻는 것이나 다름없다. 이러한 스타 자원을 전략적이고 효율적으로 활용할 수 있는 접근이 필요하며, 그 역할의 대부분은 연예 매니지먼트 산업이 맡아야 한다. 이러한 문화 현상이 단순한 유행으로 끝나는 것이 아니라 엔터테인먼트 산업 발전을 위한 터전으로 활용될 수 있도록 해야 한다.

조용필에서 빅뱅, 엑소, 방탄소년단까지:
한국 가요 시장의 변천사

　본격적으로 한류가 산업으로 영향을 미치기 시작한 것은 1세대 아이돌 그룹 H.O.T의 베이징 공연이 열린 2000년, 중국 매체들이 아시아 지역을 강타한 한국 대중문화의 영향력이라는 의미로 처음 '한류'라는 단어를 쓰면서부터였다. 그 후 보아, 동방신기, 빅뱅, 엑소, 〈강남스타일〉의 싸이 그리고 미국 빌보드 차트를 석권한 방탄소년단까지 인기를 얻으며 한류 붐이 절정에 다다랐으며, 2000년대 초반 일본에서의 〈겨울연가〉 열풍을 시작으로 〈풀하우스〉, 〈별에서 온 그대〉, 〈태양의 후예〉, 최근 전 세계에서 많은 사랑을 받고 있는 〈이태원 클라쓰〉까지 한국의 드라마가 한류 붐을 더욱 고조시키고 있다.

　한국의 음반 제작 시장은 80~90년대 초반까지 신승훈, 김건모, 변진섭, 강수지 등 작곡가 중심의 감성적인 음악 제작 시장에서 90년대 중반 연예 기획사의 기획형 아이돌인 HOT, 젝스키스, SES, 핑클을 시작으로 빅뱅, 동방신기, 슈퍼주니어, 엑소, 소녀시대 그리고 최근 미국의 빌보드 차트를 휩쓸고 있는 방탄소년단까지 철저한 시장의 'needs' 분석과 'trend' 분석에 따른, 체계적인 시스템을 갖춘 기획형 시장으로 진화하였다.

한국의 음반 제작 산업은 1980년대까지 장르와 세대의 구분 없이 즐길 수 있는 음악에서 1992년 서태지의 등장으로 신세대 음악이라는 하나의 장르가 탄생하며 세대 간 구분이 시작되었다. 뒤를 이어 HOT, 젝스키스, 핑클, SES 등 퍼포먼스 위주의 음악이 시작되었으며 신화, 동방신기, 보아, god 등 본격적으로 기획형 아이돌이 탄생하였다. 정보 기술의 발전에 따라 2003년 디지털 음원 시장이 레코드 음반 시장을 역전하였고, 2005년 SM엔터테인먼트의 기업 공개로 연예 기획사의 기업화가 시작되었다.

가수와 작곡가 개인의 역량에 따라 가요 시장이 움직이던 것에서 기획사의 기획, 마케팅, 매니지먼트 활동에 따라 승패가 갈리는 시장으로 진화하게 된 것이다.

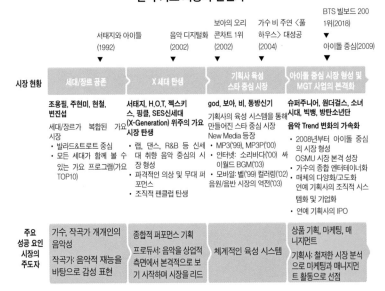

한국 가요 시장의 변천사

	세대/장르 공존	X세대 탄생	기획사 육성 스타 중심 시장	아이돌 중심 시장 형성 및 MGT 사업의 본격화
시장 현황	조용필, 주현미, 현철, 변진섭 세대/장르가 복합된 가요 시장 · 발라드&트로트 중심 · 모든 세대가 함께 볼 수 있는 가요 프로그램(가요 TOP10)	서태지, H.O.T, 젝스키스, 핑클, SES신세대 (X-Generation) 위주의 가요 시장 탄생 · 랩, 댄스, R&B 등 신세대 취향 음악 중심의 시장 형성 · 파격적인 의상 및 무대 퍼포먼스 · 조직적 팬클럽 탄생	god, 보아, 비, 동방신기 기획사의 육성 시스템을 통해 만들어진 스타 중심 시장 New Media 등장 · MP3('99), MP3P('00) · 인터넷: 소리바다('00) 싸이월드 BGM('03) · 모바일: 벨('99) 컬러링('02) 음원/음반 시장의 역전('03)	슈퍼주니어, 원더걸스, 소녀시대, 빅뱅, 방탄소년단 음악 Trend 변화의 가속화 · 2008년부터 아이돌 중심의 시장 형성 OSMU 시장 본격 성장 · 가수의 종합 엔터테이너화 매체의 다양화/고도화 연예 기획사의 조직적 시스템화 및 기업화 · 연예 기획사의 IPO
주요 성공 요인 시장의 주도자	가수, 작곡가 개개인의 음악성 작곡가: 음악적 재능을 바탕으로 감성 표현	종합적 퍼포먼스 기획 프로듀서: 음악을 상업적 측면에서 본격적으로 보기 시작하며 시장을 리드	체계적인 육성 시스템	상품 기획, 마케팅, 매니지먼트 기획사: 철저한 시장 분석으로 마케팅과 매니지먼트 활동으로 선점

타임라인: 서태지와 아이들(1992), 음악 디지털화(2002), 보아의 오리 콘차트 1위(2002), 가수 비 주연 〈풀하우스〉 대성공(2004), BTS 빌보드 200 1위(2018), 아이돌 중심(2009)

스타가 만들어지기까지

★가요 시장에서도 '개천에서 용 나던 시대'는 지났다

이러한 시장의 변화에 따라 가수 개개인의 역량보다는 체계적인 '토털 시스템'을 갖춘 연예 기획사의 역량이 성공의 절대적인 요소가 되었다. 예전의 국내 가요 시장은 가수의 재능과 작곡가의 음악성이 어우러져 감성적인 음악으로 평가를 받았다면 지금은 퍼포먼스 위주의 무대, 음악을 철저한 상업적인 제품의 시각으로 접근하여 체계적인 육성 시스템을 거친 가수와의 조합으로 최상의 음악 제품만이 살아남는 시대로 변화하였다. 이러한 과정을 겪으며 기존의 음반 제작사의 도태와 새로운 파워 그룹의 부상 등 국내 가요 산업의 세대교체가 이루어졌다. 즉, 가요 시장에서도 '개천에서 용 나던 시대'는 지났다.

★올림픽 선수 선발 시스템의 K-pop 아이돌 육성 시스템 이식

보통 올림픽 순위는 국가의 경제력과 비례한다고 한다. 한국은 88 올림픽 종합 성적 4위, 1992년 바르셀로나 올림픽 7위, 2012년 런던 올림픽 5위 등 줄곧 상위 4~10위권을 유지하고 있는데, 이는 같은 기간 한국의 GDP 순위가 10위에서 20위권 내에 머무르는 것과 비교하면 상당히 높은 성적을 기록했다고 볼 수 있다. 이는 한국 특유의 조기 선발 및 집중 트레이닝 시스템에서 기인한다. 우리는 올림픽 영재를 10대 초반부터 집중적으로 조기 교육하여 길러 내는 시스템으로, 서구에서 일반인들을 후천적으로 개발해 올림픽에 출전시키는 것과는 명확히 다른 시스템이다. 올림픽 선수로 선발되는 국가 대표가 갑자기 혜성처럼 나타나는 일은 전무한 것이다.

바로 이러한 올림픽식 조기 선발 집중 트레이닝 시스템이 지난 90년대 중반부터 한국의 연예인 육성, 특히 아이돌 가수 육성 시스템에 적용되었다. 그 결과 20여 년이 지난 지금, 세계적인 K-pop 스타들을 만들어 내고 있다. 올림픽 선수식 조기 선발 집중 트레이닝 시스템에는 숱한 논란이 있었지만, 한국의 엔터테인먼트 산업에 긍정적으로 적용되었다. 이러한 시스템이 전 세계적으로 성공을 거두었고, 지금은 한국의 아이돌 육성 시스템을 배우고자 많은 국가에서 벤치마킹하고 한국의 교육자들을 스카우트하고 있다.

★스타가 만들어지는 시대

'스타가 만들어지는 시대'란, 연예 기획사의 기획력이 스타로의 성장에 큰 영향을 미친다는 것이다. 최근 신인 가수, 배우들의 데뷔 과정을 보면 벼락스타를 찾기가 힘들다. 즉, 어느 날 갑자기 캐스팅되어 데뷔하는 과정은 찾아보기 힘들어졌고, 대부분 기획사에서 오래전부터 몇 년간 연습생 기간을 거치며 최상의 수준에 오른 재목을 철저한 기획을 바탕으로 데뷔시키는 시스템이다.

특히 대형 기획사의 경우, 데뷔 전부터 다양한 예능 방송 프로그램을 통해 노출을 시키며 인지도를 쌓은 후 데뷔하는 것이 하나의 관행이 되었다. 대표적으로 YG엔터테인먼트의 위너는 Mnet과 컬래버레이션 방송을 통해 데뷔 전 연습생 시절부터의 모습을 프로그램으로 제작, 시청자들에게 선보임으로써 데뷔 전에 인지도를 쌓을 수 있었다. 또한 기획사 주도의 프로그램 노출뿐만 아니라 최근 다양한 오디션 프로그램을 통해 인지도를 쌓아 올린 일반인을 기획사가 계약하여 상대적으로 적은 비용과 짧은 기간 안에 데뷔시키고 있다. 〈K팝 스타〉, 〈슈퍼스타K〉, 〈위대한 탄생〉 등 방송 오디션 프로그램 같은 경우 상위권에 올라가면 어지간한 가수만큼의 인지도가 만들어지기 때문에 기획사 입장에서는 가수 등용의 '패스트 트랙(Fast Track)'으로 볼 수 있다.

Interview

1

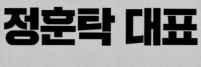

싸이더스 창업자

정훈탁 대표

국내 연예계의 전무후무한 '미다스의 손'이라 불리는 싸이더스HQ의 정훈탁 대표를 만났다. 그는 정우성, 전도현, 전지현, 김혜수, 조인성, 김우빈, 송중기, 김유정, 조보아, 하정우, 박신양, 장혁, 공유, 성유리, 윤계상 등 일일이 열거하기 힘들 만큼 많은 스타를 발굴하여 스타로 만든 장본인이다.

Q 연극영화과를 나와 매니저로 출발했다. 연예계의 '미다스의 손'으로 불리게 된 비결은 무엇인가?

A 특별한 비결이라기보다는 원래 놀기 좋아하고, 멋 부리는 것을 좋아했고 외향적인 성격이었다. 성적은 좋지 않았는데, 주변에서 잘 노니 연극영화과에 가 보라고 해서 가긴 갔다. 그런데 연기자의 소질이 별로 없어서인지 교수님이 연기보다 기획을 하는 것이 좋을 것 같다고 하여 방향 전환을 하게 되었다. 나 자신도 무대 위에서 퍼포먼스를 한다는 것이 재미보다는 두려움이 컸던 것 같다. 차라리 이쪽과 관련된 비즈니스를 해 보자는 생각을 하게 됐다. 결과론적으로 적성에 맞고 좋아하는 일, 흥미를 느끼는 일이어서 힘들지 않았고 시대의 흐름도 맞아 운도 따라 주었다. 아버지의 영향을 받아서 그런지 사업 마인드도 타고난 것 같다. 여러 가지 요인이 복합적으로, 긍정적으로 작용한 것 같다.

스타가
만들어지기까지

Q 그럼 바로 매니지먼트 회사를 설립했나?

A 처음에는 아는 선배의 이벤트 회사에서 일하다가 모델 에이전시를 설립했다. 아버지께 장가갈 때 필요한 돈을 미리 달라고 하여 그 돈을 밑천 삼아 사업을 하게 되었다.

Q 그럼 모델 에이전시 사업이 매니지먼트 회사의 출발이었나?

A 그렇지 않다. 회사가 압구정에 있었는데, 원래 노는 것을 좋아해서 돈이 들어오는 대로 친구들과 놀고 쓰니 앞으로 남고 뒤로 밑지는 상황이라 1년 정도 버티다 망하고 말았다.

　미래에 대한 불안감 같은 것도 조금은 있었다. 졸업 후 어떻게 할지 이 궁리 저 궁리를 하다 음악에 대한 기본적 소양도 없으면서 가요계 쪽으로 일을 해 보아야겠다는 생각이 문득 들었다. 그렇다면 누구를 통해 이 분야로 접근을 해야 할지 생각 끝에 조용필 씨가 떠올랐다. 무작정 전화를 해서 매니저 일을 해 보고 싶다고 하니 "네가 생각하는 것과 현실은 다르니 공부나 열심히 해."라는 말만 했다. 그때 전화를 받은 분이 나중에 보니 조용필의 친형님인 조영일 씨였다. 그 이후 몇 달 동안 일주일에 2~3번 정도 계속 전화하면서 안부도 묻고 조용필 씨의 텔레비전 영상물을 모니터하니 한번 와 보라고 했다.

　그래서 조용필 씨의 매니저로 연예계와 본격적으로 인연을 맺게 되었다. 일을 하다 보니 재미있으면서 힘들지 않고 나중에 무엇인가 크게 될 것 같은 생각이 들었다. '정말 밑바닥부터 조급하게 생각하지 않고 신뢰를 바탕으로 차근차근 올라가야지.'라고 생각했다.

조용필 씨를 좋아하는 것은 물론이고 존경했기 때문에 그 모든 것이 즐거움이고 영광이었다. 일에 미쳐서 오직 조용필 씨만 생각하면서 정말 열심히 했다. 그러다 보니 조용필 씨의 사랑과 신임을 얻어 수행 매니저로 성장하게 되었다.

Q 영화와 TV 드라마의 OST 제작에 뛰어들어 본격적으로 매니지먼트 회사로 급성장하게 되었다. 스타를 발굴해 내는 '미다스의 손'으로 불리는데, 스타가 될 재목을 알아보는 특별한 비결이 있나?

A 참 어려운 이야기인데 사실 모두 결과론적인 이야기지 처음부터 어떻게 확신할 수 있겠나. 알 수 없다. 하지만 느낌은 어느 정도 온다. 눈빛이 좋다든지, 좋은 에너지가 전달된다든지, 착하고 순박한 느낌, 무엇인가 말로 표현할 수 없는 느낌이 있다든지 알 수 없는 힘이 느껴진다. 그리고 내가 배우에게 받은 가장 좋은 느낌을 그대로 살려서 사람들에게 어떻게 보여 줄지 고민한다. 내가 느끼지 못한 배우는 포기한다. 너무 추상적인 말인가? (웃음)

스타가
만들어지기까지

Q 스타를 성공시키는 능력 있는 매니저는 어떤 성품과 자질을 갖추어야 한다고 생각하나?

A 우선, 매니저는 스타를 연구·분석해야 한다. 그러기 위해서는 스타의 일거수일투족을 철저하게 모니터링을 해야 한다. 단순히 섭외를 잘해서 일을 많이 하게 하는 게 전부가 아니다.

스타들의 마음을 안정감 있고 풍요롭게 만드는 것, 그게 매니지먼트다. 일을 많이 따 주는 게 다가 아니다. 스타와 매니저는 공존하는 거지, 혼자 가는 게 아니다. 매니저와 배우의 궁합이 중요하다. 스타와 매니저는 한몸이 되어야 한다. 우선 스타를 사랑해야 하고, 오직 스타의 성공이 곧 나의 성공이라 생각하고, 깨어 있을 때나 잠들어 있을 때나 스타를 생각할 정도로 몰입하고 성실해야 하고, 단기간의 성과에 연연해서는 안 되고, 호흡을 길게 가져가는 여유를 가져야 한다. 배우와 매니저의 관계에서 매니저는 배우한테 미치고 어느 하나라도 꽂혀야 한다.

나는 매니저들한테 무조건 자기 배우 모니터를 하라고 한다. 배우를 사랑하는 방법은 배우가 연기하는 모니터를 보는 것이다. 나는 어릴 때 현장에서 모니터 들여다보다가 제작진한테 혼도 많이 났다. 하지만 내 배우를 정말 보고 싶었다. 그렇게 사랑하는 거라고 생각한다.

배우 역시 얼굴이 예쁘고 충분히 자질이 있어도 한계가 있다. 배우 입장에서도 어떤 매니저를 만나느냐가 중요한 거다. 내가 그 사람을 위해서 혼을 팔아야 한다. 이걸 꼭 알려 주고 싶어 미쳐서 방법을 가리지 않는 매니저가 필요한 거다. 어떻게 보면 배우는 누구나 될 수 있다. 다들 지금 배우이지 그 전부터 배우로 타고나는 건 아니다.

특히, 사람을 좋아하고 긍정적이고 활동적이어야 하고, 하여간 끈기가 없으면 버티기 어려운 직업이다. 최근에는 고학력자도 상당히 많아진 걸로 알고 있다.

Q 소속 배우를 영화나 드라마에 출연시킬 때 무엇을 가장 중요하게 생각하나?

A 감독이나 PD는 작품과 그 작품에 출연하는 그때의 배우만 생각하면 된다. 하지만 매니저는 그다음을 봐야 한다. 그 작품이 끝난 뒤에 배우가 어떤 위치에 놓이게 될 것인지 판단을 해야 하는 거다. 배우에게도 작품을 통해서 단순히 인기를 얻는 것에 너무 매몰되지 말라고 주문한다. 그 작품을 통해서 배울 수 있는 것을 최대한 배우라고 말한다. 그래야 한 단계, 두 단계씩 여러 작품을 통해서 스스로 성장할 수 있다.

Q 매니저먼트 사업을 하면서 '내가 이 분야에서 확실하게 성공할 수 있다.'라는 느낌을 언제 받았나?

A 나는 내가 뭘 잘하는지 알았던 것 같다. 하고 싶은 거랑 할 줄 아는 걸 잘 구분 지었던 거다. 내가 잘하는 것은 어떤 것인가.

스타가
만들어지기까지

경영을 하는 것도 아닌 것 같고, 장사나 다른 사업을 하는 것도 아닌 것 같았다. 매니지먼트 분야를 보니 재미있으면서 지치지 않을 것 같았다. 오래 할 수 있을 것 같았고. 내가 조금 더 전략적으로 생각한다면 재밌는 분야가 되겠다 싶었다. '이건 블루오션이다.'라는 생각을 했다. 생활이 어느 정도 이상 되면 문화라는 건 그 생활에 맞게 자연스럽게 따라오는 것이다.

외국을 보니까 한국도 그 정도로 성장할 때인 것 같았다. 분명 내가 살아 있는 동안 되겠다 싶었다. 그래서 조급하지 않았다. 변칙도 안 썼다. 로비, 누구 돈 주는 거, 이런 거 한 번도 안 해봤다. 밑바닥부터 올라갔다. 단기적으로 올라가려고 하지 않고 오래가려고 했다. 오래 하려면 신뢰가 제일 중요하니까.

Q 간혹 스타들과 매니지먼트사가 불협화음으로 인해 법적 분쟁에 휘말리고는 하는데, 이에 대한 생각은 어떤가?

A 통상적으로 '내가 키웠는데 좀 컸다고 나를 배신하다니.', '배은망덕하다.'라는 등의 말을 한다. 그런데 누가 누구를 키우고 말고 하는 게 어디 있겠나. 그때 상황에서 서로의 이해관계가 서로 일치해서 시너지 효과가 극대화되어 서로 공존, 공생하는 것이지. 나는 그들이 있었기에 오늘의 내가 있다고 생각한다. 항상 고맙고 감사한 마음이다.

사람마다 정도의 차이는 있지만 본래 인간은 이기적 존재라 생각한다. 성직자 등 아주 특별한 사람을 제외하고 본인의 이익을 위해 전력투구한다. 이해관계가 일치하면 서로 공존, 공생하는 것이고 이해관계가 틀어지면 서로 헤어지는 것이 인간 세상사의 일반적 원리라 생각한다. 이 바닥에서 생활하려면 스스로 내공을 쌓고 마인드 컨트롤을 해야 한다. 물론 인간적인 측면에서는 배신감도 느끼고 서운한 감정도 들고 하겠지만 어쩌겠나, 세상사의 원리가 그런데… 어찌 보면 모든 것이 인연 따라가는 것 같기도 하고… 하여간 어려운 문제다.

나는 산에 자주 가서 내면을 힐링하곤 한다. 지금 이 나이쯤 되면 이런 경험, 저런 경험이 쌓여서 어느 정도 무덤덤해지는 것도 있고 하여간 말은 쉬운데 어려운 일이다. 논리와 이성이 아닌 인간의 감정과 이해관계가 얽혀 있으니….

Q 지금의 한류를 계속 이어 나가고 더욱 발전하기 위해서 우리 연예계에서 유의하고 중점을 두어야 하는 부분은 무엇인가?

A 대중문화는 바이러스다. 말 그대로 그냥 전염되는 것이다. 우리 역사상 다시 없을 기회이고 문화로 전 세계로 뻗어 나갔던 칭기즈 칸처럼 될 수 있다고 생각한다. 잘 키운 문화 콘텐츠 하나가 반도체 안 부러운 시대가 온 거다. 이미 드라마, 아이돌 가수 등 세계적으로 사랑받는 훌륭한 콘텐츠가 많이 나오기 시작했다. 앞으로 우리 업계는 물론이고 각계각층에서 반도체 산업에 들

스타가
만들어지기까지

이는 정성만큼만 들인다면 충분히 세계적인 문화 콘텐츠 명품을 지속적으로 만들고 유지해 나갈 수 있다고 생각한다.

Q 끝으로 마지막 질문이다. 다시 젊은 시절로 돌아간다 해도 매니저먼트 사업을 할 것인가? 만약 안 한다면 그 이유는 무엇인가?

A 매니지먼트는 이미 오랜 기간 해 봤기 때문에 여한이 없다. 다시 젊은 시절로 돌아간다면 배우로 살아 보는 건 어떨까 한다. (웃음)

음반 산업의 생태계

  현재의 음반 제작 산업은 기획 초기부터 시장 트렌드 및 경쟁자 분석을 통하여 콘셉트를 정하고 가수를 육성, 제작하여 다양한 마케팅 및 매니지먼트 활동을 통해 최종적으로 가수라는 콘텐츠를 창출하는 구조이다.

  가요 시장에서 스타로서의 성공은 해당 제작사의 브랜드 파워와 인지도를 상승하게 하고, 이는 곧 우수한 예비 연습생 인재 풀(pool) 확보로 이어진다. 오디션 프로그램만 보더라도 최종적으론 가수 지망생이 연예 기획사를 선택하게 되는데, 대부분 인지도가 높은 연예 기획사를 선택하는 것도 이러한 이유 때문이다.

  또한, 가수 기획사는 우수한 작곡가, 프로듀서의 보유가 중요한 요소이다. 우수한 작곡가를 확보하여 히트곡 제조의 확률을 높이며, 유명한 가수를 보유하고 있는 제작사는 신인의 '패키지 캐스팅(package casting)'이 가능하며 지속적인 수익 창출이 가능하다. 이러한 지속적이고 안정적인 수익 창출은 [연습생 확보/트레이닝 → 유명 작곡가로부터의 곡 수급 → 제작 → 데뷔]의 선순환 구조를 유지한다.

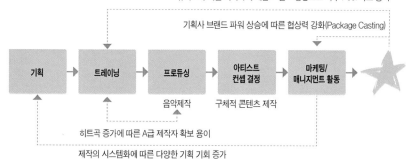

음반 산업 생태계

주요 활동 · 시장 트렌트 및 경쟁자 분석

· 오디션
· 연습생 트레이닝
· 지속적 모니터링

· In-house Producing or Outsourcing

· 콘텐츠 확정
· M/V 제작
· OSMU 제작

· 미디어, 온라인 등 마케팅 활동
· 음악 방송 등 매니지먼트 활동

★기획사의 잘 짜인 시스템에 의해 탄생하는 가수들

위에서 보았듯이 가수 기획사에서는 가수 개개인의 역량보다는 회사의 잘 짜인 시스템이 데뷔하는 가수의 성패를 가른다. 최근 오디션 프로그램 등에서 가수를 지망하는 아이들 개개인의 역량을 보면 당장 가수로 데뷔해도 될 만한 재목들이 꽤 많이 눈에 띈다. 즉, 뛰어난 가수가 될 역량을 갖춘 아이들은 많으나 '스타'가 되려면 기획사의 시스템이 절실히 필요한 시대라는 것이다.

HOT, 젝스키스 등 기획사의 기획하에 만들어진 아이돌 그룹이 탄생하기 전인 90년대 초중반까지만 해도 기획사의 역량보다는 가수 개인의 노래 실력, 작곡 실력이 주된 성패의 요인이었다. 하지만 기획형 아이돌이 탄생한 이후로는 기획사의 철저하게 짜인 시스템에 의하여 '스타'라는 가수가 탄생하게 되었다. 요즘 노래 잘하고 춤 잘 추고 잘생기고 예쁜 아이들은 너무나 많다. 이러한 원석이 좋은 아이들을 잘 다듬어 가요 시장에 내놓는 역할을 하는 것이 바로 가수 기획사이다.

따라서 아무리 원석이 좋더라도 좋은 기획사를 만나지 못한다면 원석에 그치는 경우가 허다하다. 가수를 희망한다면 개인의 실력도 중요하겠지만, 잠재된 실력을 더욱 잘 발휘할 수 있게 해 주는 능력 있는 기획사를 선택하는 것도 '스타'가 되는 데 매우 중요한 요소이다. 가수가 되는 과정은 뒷장에서 좀 더 세분화하여 설명하도록 하겠다.

배우 매니지먼트 산업의 생태계

'배우 매니지먼트'는 캐스팅부터 데뷔까지 상당 부분 '가수 기획사'와 다른 생태계를 가지고 있다. 배우 매니지먼트의 경우, 아티스트를 '기획/육성'한다는 개념보다는 뛰어난 외모를 소유한 잠재적 배우를 '보유/관리'하며 지속적인 시장 태핑으로 톱 배우를 만들어 내는 구조이다.

배우 매니지먼트사는 초기 큰 자금이 들지 않고, 가수 기획사에 비해 조직적인 기획과 마케팅, 홍보 등의 역할과 중요성이 크지 않으며, 체계적인 시스템보다는 배우 개개인의 역량에 따라 성패가 결정되는 구조이다. 물론 배우 매니지먼트 회사의 '딜소싱(영화, 드라마 등의 작품 선정)' 능력에 따라 배우의 커리어 성패가 결정되기도 하지만, 무엇보다 중요한 것은 배우 자체의 '하드웨어'이다. 따라서 배우 매니지먼트 회사는 최우선적으로 외모가 출중한 연기 지망생을 발탁하여 회사에 소속시키고 연기 지도를 시작한다.

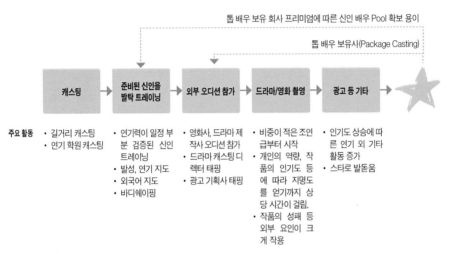

배우 매니지먼트 산업 생태계

톱 배우 보유 회사 프리미엄에 따른 신인 배우 Pool 확보 용이

톱 배우 보유사(Package Casting)

캐스팅	준비된 신인을 발탁 트레이닝	외부 오디션 참가	드라마/영화 촬영	광고 등 기타

주요 활동

- 길거리 캐스팅
- 연기 학원 캐스팅

- 연기력이 일정 부분 검증된 신인 트레이닝
- 발성, 연기 지도
- 외국어 지도
- 바디쉐이핑

- 영화사, 드라마 제작사 오디션 참가
- 드라마 캐스팅 디렉터 태핑
- 광고 기획사 태핑

- 비중이 적은 조연급부터 시작
- 개인의 역량, 작품의 인기도 등에 따라 지명도를 얻기까지 상당 시간이 걸림.
- 작품의 성패 등 외부 요인이 크게 작용

- 인기도 상승에 따른 연기 외 기타 활동 증가
- 스타로 발돋움

★배우가 되기 위해선 발레 연습까지

우선 발성 연습부터 집중적으로 시작하는데, 연기에 있어서 제일 중요한 부분이 바로 대사의 전달력이기 때문이다. 가끔 방송에서 나오듯이 연필을 입에 물고 명확한 발음과 또렷한 성량을 내기 위해 부단한 연습을 시작하는 것이다.

둘째, 배우에게 있어서 곧은 자세는 매우 중요하다. 사람들은 대부분이 좌우 비대칭으로, 한쪽 어깨가 내려가 있다든지 몸이 구부정하다. 하지만 배우들이 일반인처럼 비대칭이 심하거나 자세가 구부정하다면 화면에서는 그러한 오점이 시청자들에게 매우 크게 전달될 것이다. 따라서 배우는 곧은 자세를 위하여 운동을 통한 몸매 교정과 '보디빌딩'을 쉬지 않고 해야 한다.

셋째, 배우는 단순 연기 수업뿐만 아니라 다양한 과정의 레슨을 받는다. 작품에 들어가면서 해당 캐릭터에 따라 승마, 악기 등을 배우기도 하지만 연습생 시절부터 다양한 것을 배운다. 특히 발레, 춤 등 몸으로 표현할 수 있는 것을 배운다. 배우는 말뿐만 아니라 몸 전체를 이용한 의사 전달, 즉 연기를 하기 때문에 몸으로 표현하는 데 있어서 서툴면 안 되는 것이다.

그렇게 집중 트레이닝과 동시에 어느 정도 오디션을 볼 수준이 되면 영화, 드라마, 광고 등에 오디션을 보러 다니며 매니지먼트사는 톱스타가 출연하는 대형 드라마에 소속 배우를 작은 역할로라도 넣으려고 부단히 노력한다. 물론 여기서 해당 매니지먼트사가 이미 톱스타를 보유하고 있다면 그 톱스타가 출연하는 드라마에 일반적으로 말하는 '패키징'으로 신인급 배우들을 끼워 넣는 것이 용이하다. 신인급 배우 지망생들이 광고에 출연해 활동을 시작하는 경우가 많은데, 톱스타의 광고 출연과는 개념이 완전히 다르다. 톱스타의 경우 광고주 또는 대행사가 그 스타를 섭외하려고 부단히 노력하지만, 신인급의 경우 반대로 여러 광고의 오디션에 발탁되기 위해 노력한다. 우선 광고로 대중들에게 얼굴을 알리는 것이 향후 배우로 이름을 알리는 데 도움이 되기도 하고, 만약 출연한 광고가 해당 제품 또는 광고 자체만으로 대중들에게 이슈가 된다면 단기간에 인지도가 올라가는 효과를 볼 수 있기 때문이다.

드라마, 영화 등에 출연할 때 보통 신인급의 경우 비중이 적은 조연급부터 시작하게 되는데, 힘들게 들어간 작품이더라도 해당 작품이 대중들에게 인기를 못 끈다면 신인 배우는 다시 좋은 작품을 물색해야 하는 처지가 된다. 즉, 본인의 역량이 뛰어나더라도 작품의 성패 등 외부 요인이 크게 작용하여 배우로서 이름을 알리기까지 상당한 시간이 걸린다. 이러한 불확실한 기간을 상당 기간 거쳐 배우 본인의 준비된 역량과 좋은 작품이 만날 때 비로소 '스타'가 탄생하는 것이다.

★톱 배우가 되고 난 뒤 찾아오는 변화

일단 '스타'가 되고 나면 주위의 많은 것이 변하게 된다. 첫째로 신인 때처럼 여기저기 오디션을 보러 다닐 필요가 없다. 왜냐하면 국내의 내로라하는 작가, PD, 영화감독들이 앞다투어 작품 시나리오를 들고 출연해 달라고 찾아오기 때문이다. 톱 배우와 함께 편해지는 것이 매니지먼트사이다. 신인 때는 어디서 좋은 작품이 기획 진행되는지 오디션 정보를 얻으려고 백방으로 뛰어다녔다면, 지금은 가만히 앉아 있어도 여기저기서 소속 배우를 출연시켜 달라는 '러브 콜'들이 들어온다.

그리고 톱스타인 배우 본인 역시 이제부터는 촬영 현장에서 확연

히 달라진 대우를 느낄 수 있을 것이다. 현장의 대기실도 신인 때와는 달리 독립된 공간을 혼자 쓸 수 있게 되고, 감독과 PD의 대우도 신인 때와는 확연히 달라짐을 느낄 수 있을 것이다.

물론 톱스타가 되고 난 후에 찾아오는 여러 가지 불편함도 있다. 이제부터는 정말 '공인'으로서 말 한마디, 행동 하나하나에 이목이 집중되어 잘못된 언행은 사회적으로 큰 이슈가 될 수 있으며, 자유롭게 거리를 돌아다니거나 자유로운 연애를 할 수 없는 불편을 감수해야 한다. 하지만 그 어느 연예인 지망생도 이런 것이 불편해서 톱스타가 되기를 포기하지는 않을 것이다. 톱스타가 되고자 하는 지망생들은 기본적으로 대중의 이목을 받고자 하는 욕구가 있기 때문이다.

★역시 외모는 중요하다,
하지만 끼가 없다면 팥소 빠진 찐빵일 뿐

우선 배우는 철저하게 눈으로 소비되는 '상품'이기 때문에 외적인 요소가 가장 우선시된다. 요즘은 개성이 강한 외모의 배우들이 가끔 주목을 받기도 하지만 어느 분야나 예외는 있는 법이며, 여전히 주류인 톱 배우들은 외적인 요소가 출중하다. 외적인 요건이 어느 정도 갖추어졌다면 두 번째는 '끼'이다. 여기서 말하는 '끼'는 연기력을 포함한 엔터테이너로서의 자질을 말한다. 아무리 외모가 뛰어나더라도 연기력과 타고난 끼가 없다면 패션모델은 가능하지만 배우가 되기는 힘들다.

뛰어난 외적 부분을 끼와 함께 승화시킨 톱스타를 꼽자면 강동원, 차승원, 김우빈, 남주혁 등이 있다. 외모가 뛰어난 사람은 종종 있지만, 외모와 끼 두 가지를 다 겸비한 사람은 찾기가 힘들다. 따라서 외모가 출중하고 끼를 갖추고 있다면 배우가 되기 위한 기본은 갖춘 것이다.

★한 작품이 배우의 평생을 좌지우지하기도 한다

배우의 경우 작품 선택이 커리어에 있어서 매우 중요한 핵심 요소이다. 배우 매니지먼트사의 경우, 배우가 역할에 잘 맞고 인지도가 올릴 수 있는 작품을 선택할 수 있도록 도와주는 역할을 한다. 인지도가 전무한 초반 시기에는 어떻게든 영화든 드라마든 작품에 캐스팅되는 것이 중요하지만, 어느 정도 인지도가 쌓인 이후에는 자신이 가장 잘 드러나고 돋보일 수 있는 작품의 선택이 중요하다. 또한, 배우는 극의 캐릭터가 현실의 이미지와 동일시되기 때문에 작품 선택은 배우 커리어에 지대한 영향을 미친다.

배우 이민호의 경우 성장 드라마 〈반올림〉을 시작으로 시트콤 〈논스톱〉 등 다양한 작품을 거쳐 경력을 쌓은 후, 2009년 〈꽃보다 남자〉를 통해 이름을 알렸고, 2013년 〈상속자들〉의 주인공 '김

탄' 역할을 맡으면서 마침내 스타의 반열에 올랐다. 배우 김수현은 드라마 〈자이언트〉의 주인공이었던 김범수의 아역으로 출연하며 대중들에게 각인을 남기기 시작하여, 2012년 〈해를 품은 달〉에서 주인공을 맡았고, 2013년에는 〈별에서 온 그대〉의 주인공 외계인 '도민준' 역할을 맡으며 일약 톱스타 반열에 올랐다. 김수현은 〈별에서 온 그대〉를 바탕으로 '외계인 도민준'으로 바로 연결되는 이미지를 얻었다.

2016년 최고의 드라마인 〈태양의 후예〉는 극 중에서 '유시진' 대위를 연기한 '송중기'를 아시아 톱스타로 만들어 버렸다. 캐스팅 당시, 하얗고 '여리여리'한 이미지가 군인 역할로 어울리지 않는다는 우려에도 불구하고 "사과할까요, 아니면 고백할까요?"라는 명대사를 탄생시키며 한국을 비롯한 아시아 전역의 여심을 강타해 버렸다.

시청자들은 극 중 캐릭터와 현실의 배우를 동일시하는 경향이 매우 강하기 때문에 배우는 매력 있는 캐릭터 캐스팅에 집착할 수밖에 없고, 실제로 배우에게 있어서 작품의 선택은 매우 중요하다.

★영화배우? 드라마 배우?

배우 중에는 영화에만 출연하는 배우와 드라마에만 출연하는 배우가 있다. 물론 둘 다 왔다 갔다 병행하는 배우도 많다. 특이한 점은 영화에만 출연하는 배우는 드라마에는 출연하지 않는다는 것이다. 대표적인 배우로는 최민식, 이병헌, 송강호, 하정우, 이정재 등이 있는데, 이들은 국내에서 배우로서 최고의 자리에 있는 사람들이다.

이들도 드라마 또는 연극 등에서 시작하였지만, 지금은 오직 영화관에서만 그들의 연기를 볼 수가 있다. 영화만 고집하는 배우들은 그 이유가 여러 가지가 있겠지만, 우선 연기에 대한 '프라이드'가 있기 때문이다. 드라마의 경우 시청자들이 돈을 지불하고 보는 수단이 아니기에 공짜라는 개념이 있지만, 영화는 관객들이 직접 돈을 지불하고 시간을 내어 영화관으로 배우의 연기를 보러 가는 것이다. 따라서 이러한 차이 때문에 톱 배우들의 경우 스스로 배우의 프라이드를 지키기 위해 영화 출연만 하기도 한다.

또 다른 이유는 실리적인 부분이다. 드라마의 경우, 보통 촬영, 방영 기간인 2~3개월간 거의 매일 쉬지도 못하고 밤샘 촬영을 하며 소위 말하는 '쪽대본'으로 본인의 연기에 대한 구상과 연습이 터무니없이 부족한 열악한 환경에서 작품을 찍게 된다. 반면 영화의 경우, 시나리오의 입수 후 충분히 캐릭터에 대해 검토한다. 출연 계약 성사 후부터 본격적으로 촬영이 들어가기 전까지 본인의 극 캐릭터에 대한 고민과 연습을 할 수 있는 시간이 있다. 게다가 촬영 현장의 환경도 드라마 제작 현장보다는 훨씬 좋으며 연기에만 집중할 수 있다는 점도 그들이 영화를 고집하는 이유이다.

그렇다고 단순히 영화에만 출연하는 배우들이 드라마에 출연하

는 배우보다 뛰어난 배우라고 할 수는 없다. 배우 개개인의 선호도와 환경에 따라 작품을 선택하기 때문이다. 한 가지 주목할 점은 영화의 경우 스크린이 커서 관객들에게 얼굴의 미세한 움직임까지 다 보이기에 연기를 못하는 배우의 경우 그 오점이 쉽게 드러난다는 것이다. 웬만한 내공의 배우가 아니라면 영화에서 주연을 맡기는 쉽지 않은 것만은 분명하다.

최근에는 넷플릭스 등 글로벌 OTT 미디어 회사들의 영향력으로 인하여 톱 배우들이 드라마와 영화를 가리지 않고 출연하는 사례가 종종 나타나고 있다. 드라마 〈미스터 선샤인〉에 출연한 배우 이병헌만 보더라도 그렇다. 거대 글로벌 미디어 회사들의 드라마 제작 규모 상향 등 제작 여건이 이전보다 많이 개선됨으로써 톱 배우들의 드라마 출연은 향후 그 빈도가 잦아질 것으로 예상한다.

Interview

2

배우

류승수

Interview

드라마 〈추적자〉에서 인상 깊은 검사 역할로 대중들에게 크게 각인되었고 쉴 새 없이 수많은 드라마와 영화에서 종횡무진 활약하고 있는 배우 류승수를 만나 보았다.

Q 배우를 하게 된 동기는 무엇인가?

A '지금 이 일을 왜 하게 됐나?'라고 물었을 때 '거대한 목표와 꿈을 갖고 시작했다.'라고 말하는 사람은 극히 드물 것 같다. 사람의 운명은 한 치 앞도 모른다고 하는데, 이 한 치는 3센티미터라고 생각한다. '친구 따라 강남 간다.'라고, 우연히 친구가 하는 연극을 보러 갔다가 친구의 권유로 아무것도 모른 채 시작하게 된 거다.

Q 신인 배우 시절 가장 힘들었던 것은 무엇인가?

A 신인 때는 누구나 다 힘들다. 안 힘든 신인 배우는 없다. 그중에서 그들의 가장 힘든 애환이 있다면 누구에게도, 심지어 가족에게도 무명이라는 이유만으로 나의 꿈과 직업을 인정받지 못하고 그냥 백수 취급하는 시선을 받는 것과 언제 들어올지 모르는 오디션과 '혹시 캐스팅되지 않을까?'라는 막연한 기대로 다른 어떤 아르바이트도 할 수 없어서 항상 생활고에 시달리는 것이다. 결국 모두가 겪는 일이지만 자존감이 바닥을 치는 경험을

스타가
만들어지기까지

하게 된다. 이럴 때 자신을 미워하며 대부분의 신인 배우가 우울증이나 불면증을 호소하는데, 물론 아닌 경우도 있지만 이러한 시련을 잘 견뎌 내야 한다.

Q 신인배우 시절 가장 기억에 남는 경험이나 생각은 무엇인가?

A 배우를 하겠다고 매니저를 소개받은 적이 있다. 그분은 나를 처음 보자마자 "배우를 왜 하려고 해! 매니저 할 생각 없니?"라고 말해 무참히 나의 꿈을 날려 버렸다. 그분이 잘못했다고 생각하지는 않는다. 그건 인간과 인간 간의 예의 문제지만, 나는 그분 때문에 더욱더 꿈을 포기할 수 없었다.

그리고 십여 년의 세월이 흐른 뒤 나는 배우로서 자리를 잡았고, 우연한 기회에 회식 자리에서 그분을 만났다. 그분은 나를 기억하지 못했다. 때린 사람은 기억하지 못하지만 맞은 사람만 기억할 뿐인 거다.

나는 나중에 그분에게 말했다. "오래전 형님이 저에게 이런 말을 해 주셨어요!"라고 말이다. 이젠 아무런 감정 없이 웃으면서 말할 수 있는 경륜도 생겼고 여유도 있기에 솔직히 말했다. 그분은 갑자기 사색이 되면서 진심으로 나에게 "사과한다."라고 말해 주었다. 그날 나는 나 자신을 안아 주었다.

Q 배우로서 알려지게 되고 난 후에 가장 크게 달라진 점은 무엇인가?

A 배우로서 알려진다는 건 아주 설레는 일이다. 처음 배우로서 사인을 해 주었던 기억이 생생하다. 이렇게 행복한 시간과 배우로서의 인지도도 어느새 내가 사생활의 부자연스러움을 느끼면서 짐이 되어 버렸다. 최근에 모 예능 방송에 나가서 내가 무심코 한 말이 있는데, 방송 이후 모두(동료 배우)가 나를 만나면 첫인사로 내가 한 말에 동감한다고 말했다.

"아무도 나를 모르고 돈만 많았으면 좋겠어요."

Q 실제로 연예인 생활을 하면서 가장 좋은 점과 안 좋은 점은 무엇인가?

A 연예인이라는 직업을 떠나 유명인으로서 좋은 점과 나쁜 점을 말한다면 사실 나쁜 점이 더 많다.

우선 좋은 점은 단 한 가지, 물건을 살 때 잘 깎아 주고, 식당에 가면 서비스가 많이 나온다는 것이다. 그 외에 좋은 점은 아무리 고민해 봐도 없는 것 같다. 그리고 사실 내가 그렇게 톱스타는 아니기에 연예인으로서 누릴 수 있는 좋은 점과 혜택을 아직 못 누려 봐서 모르는 것일 수도 있다. 하지만 나쁜 점은 너무나 많다. 나는 경건하거나 착하게 성직자처럼 곧게 살 자신이 없는, 지극히 평범하고 잘 화내고 급하면 길에서도 볼일을 볼 수 있는 사람이다. 하지만 왜 그런 인간으로서 누릴 수 있는 가장 평범한 자유를 누리지 못하고 대중들의 눈치를 봐야 하나.

가끔 인터넷에 나의 이름을 검색해 보며 혹시 누가 나를 밀고 하지는 않는지 확인하는 나 자신이 참 피곤해 보일 때가 많다.

사람들에게 진실은 중요하지 않은 것 같다. 단지 조그맣고 자극적인 가십거리가 심심한 일상에 활력을 주는 것이 좋을 뿐. 그래서 연예인은 아이에게 처음 사 주는 곰 인형처럼 처음엔 잠잘 때도 안고 자는 너무 사랑스러운 존재지만, 싫증 나면 실밥이 터지고 어느 날 쓰레기통에 처박히는 존재가 아닌가 생각한다. 너무 부정적인 얘기를 많이 한 것 같은데, 그게 연예인들의 현실이다.

Q 배우 후배들에게 가장 해 주고 싶은 말 3가지 있다면?

A 첫째, 연예인을 하지 마라.

둘째, 지금도 늦지 않았다. 연예인을 하지 마라.

셋째, 결혼하지 마라.

Q 다시 태어나도 이 길을 갈 것인가? 아니라면 이유는 무엇인가?

A 다시 태어나면 배우의 길은 가지 않을 것이다.

하지만 지금의 삶에 만족하고 있다. 나는 가난하게 태어나서 힘든 시절을 겪었지만 지금도 삶을 돌아보면 누구보다 후회 없이 재미있고 멋지게 살아온 것 같다. 어떤 사람들은 다시 태어나면 부잣집에 태어났으면 하는 바람을 가질지 모르지만, 부자의 삶도 연예인 못지않다는 걸 잘 알기에 나는 지금의 삶이 소중하게 느껴진다. 언제일지 모르지만 그날이 올 때까지 하루하루 멋지고 보람되게 살고 싶은 마음뿐이다.

연예인 지망생 200만 명 시대!
스타가 되기까지

연예인이란 무엇일까? 연예인의 사전적 의미는 '문화 및 예술 분야의 종사자로, 대중을 대상으로 연기, 음악, 무용, 쇼 등의 서비스를 제공하는 사람'을 말한다. 연기자, 가수, 모델, 코미디언, 사회자 등이 대표적이다. 연예인이 되기 위한 특별한 조건이나 학력 제한, 필요 지식 등 장벽은 없다. 따라서 하고자 한다면 누구나 도전할 수 있다.

반면 이렇게 특정한 자격 요건이 없기 때문에 그 시작을 어디서부터 해야 할지 정석이 없으며 그만큼 스타로의 길은 정말로 치열하다. 기본적인 예술적 감성, 신체적 조건 등이 있지만 특정 훈련을 통한다고 해서 스타가 되는 것이 아니기 때문에 그 어떤 직업군보다 경쟁에서 살아남기가 힘들고 어려운 것이다.

★Pick me, Pick me, Pick me up!
얼짱을 찾아라 - 캐스팅 편 ❶

연예 기획사에 있어 연습생은 사업 영위를 위한 필수 원재료라고 볼 수 있다. 따라서 캐스팅과 트레이닝 과정은 제조업에서의 원자재 구매와 같은 매우 중요한 단계라고 볼 수 있다. 가수의 최초 기획은 세계 곳곳에서 개최되는 다양한 오디션, 각지에 있는 예술 중고등학교에서의 직접적인 캐스팅, 각종 연예 학원 등으로부터 시작된다.

○ 캐스팅 1세대: 직접 발로 뛰는 캐스팅

90년대까지만 하더라도 미디어 매체를 통한 오디션, SNS 등이 발달하지 않아 캐스팅 매니저가 직접 전국 각지를 돌며 인재가 될 만한 아이들을 직접 찾아다녔다. 보통 각 지역의 유명한 고등학교 정문 앞에서 마냥 죽치고 앉아서 나오는 학생들을 하나하나 확인하고 눈에 띄는 아이를 캐스팅하곤 했고, 일반적으로 말하는 '얼짱'이라는 아이들을 수소문하여 만나 캐스팅하였다. 그런 캐스팅 방식을 거친 스타에는 대표적으로 HOT, 젝스키스, 핑클, SES 등이 있다.

○ 캐스팅 2세대: 회사 자체 오디션

아이돌 가수의 시초격인 90년대 후반 데뷔 가수들이 이러한 방식으로 많이 캐스팅이 되었으며, 그때 발탁되었던 아이돌들과 함께 회사도 성장하고, 인지도가 높아졌다. 따라서 회사 자체에서 정기적으로 실시하는 월간 오디션 등에 전국적으로 많은 예비 연습생이 오디션 지원을 하게 되었다. 그룹 빅뱅과 소녀시대의 멤버들이 바로 이 캐스팅 2세대라고 보면 된다.

○ 캐스팅 2.5세대

연예 기획사가 기업화되면서 전국적으로 예비 연습생을 공급해 주는 학원들이 우후죽순 생겨났다. 각지에 가수 대비 전문 학원이 생겼고, 캐스팅 매니저라는 직업군이 따로 생겼다. 캐스팅 매니저들은 학원들을 돌면서 재능 있는 아이들을 확보해 서울의 유명 연예 기획사에 공급하는 역할을 했다. 특히, 중소 기획사의 경우 대중들에게 인지도가 낮기 때문에 직접 기획사로 찾아오는 연습생들이 없는 불리한 조건을 극복하고자 이런 시스템을 적극 활용하였다.

○ 캐스팅 3세대

현재는 앞에서 열거한 캐스팅 방식을 전부 복합적으로 진행하고 있으며, 이것 외에도 최근에는 다양한 방송사 오디션 프로그램을 통한 기획사들의 캐스팅이 추가적으로 이루어지고 있다. 기획사들 입장에서는 방송 오디션 프로그램에서 이름을 알린 연습생을 확보하면 나중에 가수 데뷔 시에 완전한 신인에 비하여 마케팅이 훨씬 용이하다. 이 때문에 오디션 프로그램의 상위 지망생에게는 유명 기획사의 러브 콜이 많이 들어오는 편이다.

캐스팅은 다이아몬드 반지를 만들 때 좋은 품질의 원석을 확보하는 것만큼 아주 중요한, 기본적 단계라고 보면 된다. 캐스팅의 주요 요건은 시대에 따라, 해당 기획사의 콘셉트에 따라 달라진다. 시대별로 원하는 가수, 스타의 외적 기준, 대중이 좋아할 만한 요소가 모두 다르기 때문에 꼭 어떤 요건을 갖추어야 한다고 말하기는 쉽지 않다. 요즘 가수의 경우 꼭 노래를 잘 부르지 못해도 춤을 잘 춘다든지 외모가 아주 출중하다든지 대중의 이목을 끌 수 있는 자신만의 장점이 있으면 된다.

배우 역시 예전에는 하나같이 이목구비가 뚜렷한 전형적 미남, 미녀만을 찾았다. 그러나 요즘의 배우들은 그 개성이 각자 다르며, 오히려 최근엔 부담 없는 일반인 같은 사람들이 유명한 배우로 활동하고 있다. 이런 점을 생각하면 반드시 미남, 미녀가 아닌 사람들도 기죽지 않고 꿈을 가져 볼 만하다.

★필수 요건, '끼'가 충만한 자를 찾아라 - 캐스팅 편 ❷

위에 언급한 캐스팅의 주요 요소들, 즉 연예인이 되기 위한 조건들은 시대와 상황에 따라 많이 달라진다. 하지만 일반적으로 말하는 '끼'는 시대와 상황을 불문하고 연예인이 되기 위해서는 필수적이다. 여기서 말하는 '끼'는 다양한 의미로 해석될 수 있다. 노래를 잘하는 것, 연기를 잘하는 것, 춤을 잘 추는 것이 끼가 될 수도 있고 무대에 서기를 좋아한다든지 말로 상대방을 사로잡을 수 있는 매력, 눈빛만으로도 상대방을 사로잡는 매력 등을 가진 것도 끼가 될 수 있다. 어쨌든 '끼'라는 것은 연예인에게는 필수적이다.

평소에는 조용한 성격인데 카메라 앞, 무대 위에서는 언제 그랬냐는 듯이 다른 사람으로 변해 열연하는 배우들, 마이크만 잡으면 미친 듯한 감성으로 폭발적인 성량을 내뿜는 가수들이 바로 이러한 '끼'가 몸속에 내재되어 있는 것이다. 단순히 하드웨어(외적인 요소)만 뛰어난 연예인의 경우, 초반에는 대중들의 눈을 사로잡을 수 있다. 그러나 '끼'가 부족하면 대게 오래가지 못하고 스스로 주목받는 삶을 힘들어하다 자연스럽게 은퇴하기도 한다.

아무튼 오랜 경력이 있는 캐스팅 매니저의 경우, 원석을 알아보는 안목이 뛰어나다. 수많은 연예인 지망생을 만나 보고 데뷔까지 가는 과정을 수 없이 보아 왔기에 대략적인 만남에서도 대박을 터뜨릴 재목은 느낌이 온다.

그래서 이러한 재목들은 이미 연예인이 되기도 전에 캐스팅 매니저들 사이에서 서로 데려가려는 치열한 물밑 작전이 펼쳐지곤 한다. 최근 대부분의 연예인 지망생이 중고등학생, 즉 미성년자이기 때문에 부모의 동의는 필수다. 따라서 캐스팅 매니저들은 아이의 부모로부터 허락을 얻어 내고자 선물 공세를 하고, 성심성의껏 본인의 연예인 육성 로드맵을 발표하기도 한다.

이러한 인재 확보 과정을 마친 후, 연예인 지망생은 기획사의 'pre-school 프로그램'에서 한 달에서 세 달간의 단기 트레이닝을 거쳐 지속적인 투자 가치가 있는지를 확인받는다. 연예인으로 가는 첫 단계에서도 겨우 걸음마를 시작한 것이다.

★연예인 인턴 과정: 인성과 끈기를 본다

연예인이라고 다를 바 없다. 우리 사회는 어디를 가든 조직에 몸 담으며, 타인과 부딪치며 살아가는 공동체 생활이다. 즉, 일반 회사에서 신입 사원들에게 요구되는 덕목인 좋은 인성과 끈기는 연예인 지망생을 뽑을 때에도 적용된다. 일반 회사에서 신입 사원을 뽑고 일정 기간 인턴을 거치듯이, 연예인 지망생들도 단기 트레이닝 기간이라는 명목으로 일정 기간 관찰을 받는다. 우선 오디션을 통해 실력은 검증받았으나 과연 이 아이가 길고도 험난한 연습생 기간을 '악바리'처럼 잘 버텨서 최종적으로 무대에 설 수 있는지가 가장 중요한 포인트이기 때문이다.

아무리 재능이 뛰어나도 끈기와 근성이 없다면 미완의 천재로 남는다. 우선 이 기간 동안 기획사가 연습생과 보호자에게 "이런 방식으로 당신의 아이를 키울 것입니다."라는 것을 의논한다. 연습생 입장에서는 실질적으로 체험해 보고 스스로 기약 없는, 수험생 같은 시간을 몇 년간 견뎌 낼 수 있을지 검증해 보는 기간이다. 기획사마다 그 정도의 차이는 있겠지만, 어지간한 고3 수험생 시간표저리 가라 할 정도의 일정으로 빠듯하게 움직이며 외모적인 부분을 지적하고, 이에 대한 보완 계획 등이 세워지는 단계이기도 하다. 여기서 말하는 외모 부분의 보완이란 대표적으로 '다이어트' 그리고 '성형'이다.

기획사 입장에서는 장기적 투자 여부를 결정짓고, 연습생 및 보호자 입장에서는 실질적으로 연습생을 경험해 봄으로써 마음의 준비를 하고 스스로 정말 연예인이 되고 싶은지 묻는 기간으로, 서로 간의 신뢰를 확인할 수 있다. 일반 회사에서 신입 사원들이 입사 후 3개월간 임시직 신분을 가지는 것과 비슷하다고 볼 수 있다. 꽤 많은 연습생이 이 기간에 자신이 생각하던 연습생 생활과 많이 다름을 알고 연예인이 되기를 포기한다.

대부분의 연습생이 중고등학생으로, 10대 중후반의 나이이기에 남녀 연습생 구분 없이 그들에게 가장 억제하기 힘든 부분은 바로 '다이어트'다.

★다이어트! 연습생들에게 가장 힘든 유혹
'야식', 치킨은 꿈나라 이야기

　연예인 지망생에게 다이어트는 필수 과정이다. 어느 정도 마른 얼굴, 체형이더라도 누가 보더라도 '말랐다!'라는 느낌이 있어야 한다. 간혹 일반인들이 길거리에서 연예인을 보면 대부분 '와, 진짜 말랐다.', '얼굴이 작다.'라는 느낌을 받는다. 그 말은 그 정도로 말라야 우리가 말하는 '화면발'이 잘 받는 것이다.

　한창 먹을 나이인 10대들에게 다이어트는 정말 고역이다. 대부분 담당 매니저들이 잠자는 시간을 제외하고는 거의 붙어 있기 때문에 회사에서 허락하는 음식 이외에는 먹을 기회가 거의 없지만, 어느 곳이나 그렇듯 구멍은 있기 마련이다. 몰래 군것질거리를 사다 놓고 밤에 모여서 먹다가 들키는 경우도 있고, 분명 별다른 군것질을 안 하는 것 같은데 살이 안 빠져서 숙소를 불심검문하면 과자 박스가 뭉치로 나오는 경우도 있다. 기획사에서는 체중 관리를 권투 선수의 계체량 확인보다 더 심하게 한다. 매일 2~3회 몸무게 확인을 하고 변화에 대해 지속적인 피드백을 주고 섭취량을 조절한다. 연습생들에게 야밤의 치킨이나 피자는 꿈나라 이야기인 셈이다.

★외모 업그레이드, 성형 수술은 필수인가요?

　일반적으로 잘생기고 예쁜 얼굴과 화면에 화면발이 잘 받아서 잘

생기고 예뻐 보이는 얼굴은 다소 차이가 있다. 종종 연예인들이 과도할 정도로 성형을 하는 이유이기도 하다. 예를 들어, 코가 높더라도 화면에 잘 받는 높은 코가 있고 그렇지 않은 코가 있다. 이러한 미세한 부분들을 기획사 관계자들이 캐치하여 연습생들에게 성형을 권한다. 대부분의 연습생은 자의 반 타의 반으로 자신의 꿈을 이루기 위해 성형을 하는데, 최근에는 자연미를 우선으로 하는 추세이다. 성형은 자기 신체의 자유 권리이기에 어느 누구도 강요할 수 없으며 선택은 본인의 몫이다.

★무대에 서는 당일까지 회사의 대표도 데뷔는 장담 못 한다?

위와 같은 단기 트레이닝 과정에는 여러 가지 요소를 연습생 본인과 회사 측 모두 고려하게 된다. 서로의 '니즈'가 정확히 맞아떨어지면 본격적인 연습생 과정에 들어간다.

단기 트레이닝 과정을 통과하고 나면 전속 계약을 하고 회사의 집중적인 트레이닝 프로그램 및 다양한 자기 계발 과정을 거치며 통상적으로 짧게는 2년, 길게는 3~5년 정도의 트레이닝 기간을 거치며, 마지막 데뷔 전까지 내부 경쟁이 치열하다. 사실상 첫 무대에 오르기 전까지는 누구도 가수가 된다는 확정이 없다. 가끔 신인 그룹들의 데뷔 '비하인드 스토리'를 보면 데뷔 무대 며칠 전에 최종 멤버가 바뀌는 경우가 있다고 하는데, 바로 위와 같은 이유 때문이다.

지난 수년간 함께 합을 맞추며 연습했던 멤버가 데뷔를 며칠 앞두고 안 좋은 과거 이력 등의 폭로로 퇴출되기도 하고, 터프한 이미지의 남성 아이돌 그룹을 목표로 팀을 구성해 연습해 오다가 데뷔하는 해의 트렌드가 이쁘장한 꽃미남 아이돌로 바뀌면 그 그룹의 데뷔는 무기한 연기되기도 한다. 그 외 회사의 내부 사정상 팀 전체의 데뷔가 무산되기도 하고 이래저래 무대에 오르는 순간까지 회사의 대표조차 데뷔를 장담하지 못하는 것이 실상이다.

★좋은 소속사 고르는 방법, 돈을 요구하는 회사는 절대 No!

연예인 지망생들이 가장 많이 고민하는 부분 중 하나가 '어떤 연예 기획사에 소속되어 양질의 트레이닝을 받고 성공적으로 데뷔할 수 있는가?'라는 것이다. 지망하는 분야가 가수인지 배우인지를 떠나서 확률의 게임을 따져 본다면 첫 번째로 고려해야 할 것은 대형 기획사 여부이다. 아무래도 대형 기획사가 다양한 트레이닝 과정을 제공하고 우수한 보컬 트레이너, 안무가, 연기 지도자, 음반 프로듀서 등을 보유하고 있기에 좋은 환경에서 양질의 교육을 받는 기회를 가질 수 있다. 간단하게 생각해서 과학고, 외국어고 출신들이 명문대에 진학할 확률이 아주 높다는 것을 생각하면 된다.

또한, 대형 기획사는 지망생들의 데뷔 기회도 중소 기획사에 비하여 상대적으로 많은 편이다. 대형 가수 기획사의 경우, 이미 소속되어 있는 선배 가수들을 통하여 여러 가지 노하우도 전수받고 선배 가수들의 무대에 게스트로 초청되어 공연하는 기회도 가질 수 있다. 대형 배우 매니지먼트사의 경우, 선배 배우가 출연하는 드라마·영화에 '패키지 캐스팅'으로 출연하는 기회를 가질 수 있다. 이 모든 것은 사실 중소 연예 기획사에서는 쉽게 가질 수 없는 기회이다.

따라서 지망생들은 첫 번째 목표로 대형 기획사에 입사하는 것이 중요하다.

두 번째로 지망생 본인이 원하는 방향과 회사의 방향이 잘 맞아야 한다. 무슨 말인가 하면 본인은 아이돌 댄스 그룹 가수가 되고 싶은데 정작 소속된 기획사는 싱어송라이터를 전문적으로 키우는 회사인 경우, 잘못된 선택이라는 것이다. 기획사마다 잘하는 분야가 있다. 아이돌 댄스 그룹을 잘 키우는 회사, 밴드 그룹을 잘 만드는 회사, 배우 매니지먼트를 잘하는 회사, MC·코미디언·예능인을 잘 키우는 회사 등 회사마다 강점과 지향하는 점이 다 다르다.

그리고 우리가 잘 알고 있는 대형 기획사들의 경우, 소속된 선배 가수들을 보면 회사가 지향하는 연예인의 모습을 유추할 수 있다. 예를 들어, 걸그룹의 경우 SM엔터테인먼트는 외모를 상당히 중요시 여기고, YG엔터테인먼트는 상대적으로 개성 있는 멤버로 구성한다는 것이다. 따라서 지망생 스스로 자신의 강점을 잘 파악하고 소속사의 선택부터 현명하게 해야 한다. 물론 위에서 말한 대형 기획사들의 경우 어디든 들어가는 것이 힘들긴 하지만 말이다.

세 번째, 데뷔를 조건으로 돈을 요구하는 연예 기획사가 있다면 뒤도 돌아보지 말고 나와라. 요즘은 예전보다는 덜하지만 아직도 종종 이러한 지망생들의 열정을 이용한 나쁜 일들이 생기곤 한다. 생각해 보라. 당신을 데뷔시켜 줄 자금조차 없는 회사라면 무슨 수로 당신을 스타로 만들어 주겠는가? 이유 여하를 불문하고 누군가 데뷔를 조건으로 돈을 요구하며 당신에게 접근한다면 그 자리를 박차고 일어나길 바란다.

★상호 간의 신뢰: 계약서 작성

보통 단기 프로그램을 마칠 때쯤 연습생과 연습생의 부모 그리고 회사가 합의하에 계약서를 작성하고 계약한다. 통상적으로 가수의 경우 7년, 배우의 경우 5년 정도 기간으로 계약한다. 여기서 유의할 점은 계약 기간인데, 7년이라 하더라도 대부분 '데뷔 후 7년'이라는 조항이 있다. 왜냐하면 회사 측에서도 연습생의 역량에 따라 데뷔까지의 기간이 짧을지 아니면 몇 년이 소요될지 모르기 때문이다. 예를 들어, 회사 입장에서는 5년간 열심히 트레이닝시켜 데뷔시켰는데 계약 기간이 2년밖에 남지 않았다면 5년간의 투자금을 회수할 수 없기 때문이다.

이런 부분 때문에 소위 '노예 계약'이라는 단어가 종종 등장하는데, 요즘 같은 경우 회사에서 일방적인 계약을 하기 힘들고, 계약 해석을 어느 쪽에서 하느냐에 따라 차이가 있다고 본다. 예를 들어, 7년의 계약 중 회사 측에서 과도한 수익 배분을 요구한다고 하자. 연예인 입장에서는 '내가 유명하고 일은 내가 하는데 왜 나의 수익을 나누어야 하지?'라고 불만이 쌓이는 시점이 분명히 온다. 회사 입장에서는 '연예인 네가 혼자 잘나서 지금의 인기를 얻고 돈을 버는 것이 아니라, 모두 회사의 전략적 기획과 투자의 결과다.'라고 인식하기에 갈등이 있다. 둘 다 맞는 이야기이기에 이러한 불만이 서로에게 생기지 않도록 적절한 조항들을 만들어 서로 만족하는 계약을 마지막까지 성실하게 지키는 것이 서로가 윈윈(win-win)하는 것이다.

이러한 분쟁을 최소화하고자 국가에서 대중문화예술인(연예인)에 대한 표준전속계약서 형식을 만들어 배포하여 사업자와 연예인이 해당 형식을 기반으로 계약을 맺을 수 있도록 하고 있으며, 부수적 합의 사항 등이 있을 시에는 부속합의서를 작성하여 해당 상황에 맞게 상호 간 계약할 수 있도록 하고 있다. 계약서는 크게 연기자, 가수 그리고 연습생 세 가지 표준전속계약서가 있으며, 미성년자일 경우 '청소년 표준 부속합의서'라는 추가 계약서도 있다. 본 책 부록에서 연습생 표준전속계약서 그리고 청소년 표준부속합의서 샘플을 확인할 수 있다.

본격적 연습생 생활의 시작

계약에서 지망생과 회사 간의 세부적인 조율을 마치고 나면, 지망생은 회사가 기획하고 디자인한 프로그램에 본격적으로 투입된다. 이제는 정말 연습생으로서 그들에게 정식 소속사가 생기는 것이다.

가수와 배우의 프로그램은 크게 차이가 난다. 보통 배우의 경우 회사의 지원도 일부 있지만 상당 부분 자비로 연기 학원에 등록하여 연기를 배우고, 기타 자기 계발에 필요한 부분을 자기 부담으로 소화하는 반면, 가수의 경우 한 번 그 회사의 연습생이 되고 나면 트레이닝에 필요한 부분은 대부분 회사가 부담한다. 배우의 경우, 하루 일과도 빠듯하게 진행되지 않고 주 1~2번 정도 소속사를 방문하여 진행 사항을 확인하는 정도이다. 그러나 가수는 정말 몸이 본인 것이 아니라 소속사의 소유가 되는 것처럼 오전부터 늦은 밤 시간까지 일정이 아주 빠듯하게 짜이며, 전담 매니저가 자는 시간을 제외하곤 거의 붙어서 사생활까지 철저하게 관리한다. 다소 가혹하게 보일 수도 있지만 기획사 입장에서는 가수 한 팀을 트레이닝, 제작하여 무대에 올리는 데 몇십억 원이 투자되는 작업이다. 사소한 잡음 또는 연습생의 일탈에 의한 팀 붕괴는 바로 회사의 손실로 이어지기 때문에 어쩔 수 없는, 필요악의 상황이기도 하다.

★배우 연습생 생활

배우는 우선적으로 연기 지도가 필수적이다. 보통 영화감독, 연극 무대에서 잔뼈가 굵은 연극배우, 연극영화과 교수 등으로부터 연기 지도를 받는다. 해도 해도 끝이 없을 정도로 갈고 닦아야 하는 것이 연기이다. 유명한 배우조차 지속적인 연기 감각을 유지하고, 틀에 박힌 연기라는 함정에 빠지지 않기 위해 지속적으로 연기 수업을 받고 있다. 연기 수업은 기본적으로 발성부터 몸 동작까지 다양한 커리큘럼에 의해 교육된다. 다양한 영화를 보고 감상문 쓰기, 영화의 특정한 장면을 연습하기 등이 있으며, 배우라는 것이 단순히 연기 공부만 한다고 되는 것이 아니기에 몸의 자유로운 표현을 위해 발레와 춤을 배우기도 하며 신체의 모든 감각과 감성을 최대한 활용할 수 있도록 교육된다. 그리고 국내외 유명 작품들의 시나리오를 읽게 하는데, 이는 배우가 시나리오 형식으로 작품을 읽으면서 스스로 극 중 역할에 대입하여 상상 연기 등을 함으로써 자신의 연기 스펙트럼을 넓히는 자양분을 만들어 준다.

개인의 필요에 따라 외국어 교육을 받기도 하고, 필수적으로 웨이트 트레이닝 또는 요가 등을 한다. 근육을 키우기보다는 균형 잡힌 몸, 바른 자세가 화면에서는 아주 큰 차이를 나타내기 때문에 이러한 부분을 바로잡고자 데뷔 전 철저하게 몸 관리를 한다. 가수와는 달리 배우는 눈에 보이는 부분이 크기 때문에 첫째는 '비주얼' 관리이다.

이와 같은 과정을 지속적으로 매일 반복하며 배우들은 틈틈이 영화 또는 드라마 오디션에 지원한다. 가수와 크게 다른 점은 가수는 몇 년간 집중 트레이닝을 받은 후 준비가 완료된 상태에서 데뷔하는 반면, 배우는 딱히 정해진 시간 없이 자기 계발과 동시에 오디션에 지원하며 데뷔 기회를 노린다.

★가수 연습생 생활

오전부터 늦은 밤까지 철저하게 계획된 소속사의 스케줄에 따라 움직인다. 노래 연습, 작곡 공부, 피아노 등 악기 공부, 춤 연습 등, 필요에 따라 연기 공부까지 병행한다. 또한, 최근 아이돌 가수들은 국내뿐만 아니라 해외 시장을 타깃으로 하기 때문에 외국어 공부도 필수다. 위의 트레이닝 요소들을 매일, 매주 커리큘럼에 맞춰 소화해야 하기 때문에 지망생들은 하루를 웬만한 고3 수험생 못지않은 스케줄로 소화한다. 가수는 개인의 자율적 자기 계발보다는 기획사의 방향에 맞추어 짜인 프로그램에 따라 계발된다. 따라서 배우 트레이닝에 비하여 훨씬 많은 자금과 인력, 시간이 투입된다. 가수 연습생들은 연습생 시절부터 전담 매니저의 관리를 받고 외부

세계와 단절된 생활을 몇 년간 이어간다. 투자 금액이 큰 만큼 회사 입장에서는 소중한 자산으로 생각하여 사소한 사건 사고라도 방지하고자 하는 것이다. 간혹 뉴스에 '유명 기획사 연습생 탈퇴설' 등이 나오는데, 대부분 이러한 사생활 조절이 불가능해져 회사에서 방출되는 경우다.

이러한 트레이닝을 짧게는 2년, 길게는 4~5년까지 받으며 데뷔를 기다린다. 기획사의 규모에 따라 다르지만 보통 10~20명 정도의 연습생 풀을 가져가며 처음엔 다 같이 평준화된 트레이닝을 하다가 시간이 지남에 따라 임시로 팀을 만들어 트레이닝을 한다. 그리고 준비가 된 팀들은 데뷔 날짜가 정해지고 거기에 맞춰 더욱 혹독한 트레이닝에 들어간다. 이때부터는 실제 데뷔곡 가창 연습, 춤 연습이 주가 되는데 트레이닝 과정 중에 주 단위로 개인별 평가가 있으며 이 평가에 여러 번 미달하면 자연스레 팀에서 방출되고 다시 데뷔 기약이 없는 일반 연습생 신분으로 돌아간다. 또한, 이 과정에서 연습생 팀원들 사이에 불협화음이 있으면 팀원이 교체되기도 한다. 즉, 데뷔 전날까지는 정말 그 누구도 무사히 데뷔한다는 보장이 없다. 왜냐하면 너무나 역량이 좋은 예비 연습생들이 대기하고 있기 때문이다.

이렇게 가수는 수험생 못지않은 빠듯한 스케줄로 몇 년간을 외부와 단절된 채 지내며 데뷔 전까지도 데뷔 그룹에서 방출될지도 모른다는 불안감에 미친 듯이 연습하고 스스로 채찍질한다. 음악 방송에서 신인 그룹이 처음으로 1위를 차지할 때 누구 하나 빠짐 없이 무대에서 우는데, 바로 이러한 혹독한 데뷔 과정이 있기 때문 이다.

스타가
만들어지기까지

Interview

3

C.A.S.T. 연기 아카데미

노경준 원장

국내 연기 학원으로 역사가 깊은 CAST 아카데미에서 수많은 연기 지망생을 가르치고 톱스타를 배출시킨 노경준 원장을 만났다.

Q 다년간 배우 연기 학원을 경영해 왔다. 그간 아카데미를 통해 어떤 배우들을 배출했나?

A 우리 아카데미 강사진은 2009년 5월에 CAST 연기 아카데미가 개원하기 이전부터 싸이더스HQ 소속 배우들을 신인 시절부터 스타가 될 때까지 지도해 왔다. 그때 교육받았던 배우들에는 장혁, 전지현, 조인성 등이 있고, 아카데미 개원 이후로도 송중기, 박보검, 이상엽, 조보아, 김유정, 김소현, 권나라, 김보라, 이지훈, 이열음, 이태선 등 수많은 배우를 오랜 시간 트레이닝하며 스타로 배출해 냈다.

Q 최근 연기자 트렌드는 어떤가?

A 최근 들어 트렌드가 워낙 빠르게 변화하기도 하지만 이제는 현장의 감독, 작가, 관련 업종의 전문가들 그리고 시청자들까지 각양각색의 개성 있는 캐릭터를 선호하는 편이라 하나의 트렌드를 말하기는 어렵다.

다만, 최근에는 모델 출신과 아이돌 가수 출신이 연기자로 전향

스타가
만들어지기까지

하는 경향이 부쩍 늘었다. 게다가 오랫동안 연극 무대에서 연기력을 다진 연극 배우 출신을 스크린의 배우로 발탁하는 경우도 많아졌다. 전형적인 미남, 미녀형 배우보다는 평범하면서도 독특한 개성을 지닌 배우들이 다양한 작품에서 활용될 가치가 더 커지고 있다. 최근의 영화나 드라마는 주연급 주인공 한두 명에 치중되는 작품보다는 출연하는 조연급 배우 여러 명의 비중역시 무시하지 못하는 작품이 추세다. 실제로 각종 드라마와 영화 등 많은 작품에서 조연급으로 출연하며 열심히 일하는 배우가 상당히 많다. 배우를 바라보는 대중도 사실적이고 자연스러운 연기를 하면서도 캐릭터의 맛을 잘 살려 내는 배우들을 선호하고 있으며, 제작 현장에서도 외적으로 뛰어난 배우보다 연기 잘하는 배우를 더 많이 원하고 있는 것이 최근의 추세이다.

Q 배우가 되기 위해서는 아카데미를 거쳐야 하나?

A 근래에 오디션 프로그램 등에서 같은 지망생 입장이었던 일반인이 오디션에 선발되어 데뷔를 하고 스타가 되는 것을 보며 '나도 오디션만 잘 보면 스타가 될 수 있겠다.'라는 생각을 하며 별다른 준비 과정도 없이 오디션만 지속적으로 지원하는 사람이 많아졌다. 또한, 배우 지망생들의 커뮤니티 등에서 정보를 공유하여 무턱대고 프로필만 만들어서 여기저기 돌리면서 기회가 오기만을 기다리는 사람도 많다. 하지만 수많은 경쟁자 사이에

서 배우로서 본인만의 매력과 장점을 차별화하지 못하면 작은 기회조차 만나기 쉽지 않은 현실이다. 그리고 현재는 시청자들의 눈높이가 상당히 높아져서 연기력이 뒷받침되지 않으면 다른 어떤 장점으로도 선뜻 캐스팅되기가 어렵다.

아카데미에서는 연기를 시작하는 배우 지망생들이 반드시 갖추어야 할 기본기 훈련, 즉 올바른 표현을 위한 신체 훈련과 발성 훈련을 포함하여 작품 해석 등을 단계적으로 익히고, 이후에는 촬영 현장에서 적용되는 영상 매체 연기법을 실습한다. 그리하여 촬영장에서 부딪히게 될 상황들을 직접 겪어 보며 실제 단편 영화를 제작하기도 한다.

CAST 연기 아카데미는 제작 현장에서 요구하는 기본 연기력을 갖추는 것을 목표로 지도하고 있으며, 매체의 특성에 적합한 연기로 훈련하고 있다. 그래서 연기를 처음 시작하는 일반인뿐만 아니라 연극 중심의 연기를 배운 대학 연기 전공생들도 매체 연기를 전문적으로 배우기 위하여 아카데미를 많이 찾고 있다.

'기회만 주신다면 열심히 하겠습니다.'라는 말은 이제 전혀 통하지 않는다. 기회를 받을 수 있는 만큼의 연기력을 갖추기 위해선 체계적이고 다양한 훈련 과정이 필요하고, 요즘은 신인이라도 완성형의 연기력을 갖추고 있어야 한다.

Q 배우 연습생으로서 중요한 덕목 3가지는 무엇인가?

A 배우가 될 사람이라면 가장 중요한 것이 '역지사지'라고 생각한다. '상대방의 처지나 입장에서 먼저 생각해 보고 이해하다.'라는 뜻으로, 배우는 늘 새로운 작품과 역할을 만나게 되므로 내가 아닌 타인의 입장을 이해하는 것이 올바른 해석의 출발이다. 그것은 또한 내가 미처 바라보지 못했거나 이해하지 못한 것들을 깨닫게 되는 배우로서 성장의 거름이며, 공동 작업을 해야 하는 배우라는 직업의 특성상 연기가 아닌 다른 파트의 스태프들을 이해하며 공동의 목표를 이루는 데 필요한 중요한 요소이다.

또 하나는 '호기심'이라고 생각한다. 여태껏 살아오면서 자신이 주로 겪어 본 쪽이나 주로 좋아하는 쪽으로만 사고와 행동이 고착되면서 배우로서 이해와 표현에 한계를 겪는 경우를 많이 봤다. 다양한 작품에서 늘 새로운 인물로 변화해야 하는 배우 입장에서는 아주 치명적인 한계이다. 일상에서 다양한 세상과 사람을 만나고 경험한다면 좋겠지만 현실적으로는 어렵다. 그래서 다양한 세상과 사람에게 호기심을 가지고 관심을 갖는 습관을 들이기를 추천한다. 편식하듯이 좋아하는 것들에만 관심 갖지 말고 매번 부딪히는 새로운 것들에 의문을 가지고 관심을 가지면 받아들이는 능력에 상당한 도움이 된다.

마지막으로는 '인간적인 배우'이다. 점점 기술이 발달하면서

스타가
만들어지기까지

불과 몇 년 사이에도 우리의 생활과 커뮤니케이션에는 엄청난 변화가 일어났다. 또 앞으로도 계속 변화할 것이다. 하지만 그럴수록 '인간적'인 것은 더욱 가치가 있을 것이며 대중들은 그것을 작품 속 배우에게서 찾으려고 할 것이다. 그래서 배우들은 그런 인간적인 감성과 면모를 잘 기르고 품고 있다가 작품 속에서 좋은 연기로 발휘한다면 대중들에게 오랜 기간 사랑받는, 롱런하는 배우로 자리매김할 수 있을 것이다.

음반 제작 프로세스: 성공 여부는
작곡가·프로듀서의 역량

가수의 최초 기획은 기획사의 전 세계적인 다양한 오디션 또는 각지에 있는 예술 중고등학교에서의 직접적인 캐스팅으로부터 시작된다. 이러한 인재 확보 과정을 마친 후 한 달에서 세 달간의 단기 트레이닝을 거쳐 지속적인 투자 가치가 있는지를 확인한다. 단기 트레이닝 과정을 통과하면 전속 계약을 하게 되고, 회사의 집중적인 트레이닝 프로그램 및 다양한 자기 계발 과정을 거치며 통상적으로 짧게는 2년에서 3~5년 정도의 트레이닝 기간을 거친다. 마지막 데뷔 전까지 내부 경쟁이 치열하다.

아티스트의 최종적 계발이 완성될 단계에서 제작 팀은 본격적으로 가수와 앨범의 콘셉트를 결정하고, 곡 의뢰 및 수급 활동을 하고, M/V 촬영 및 기타 홍보 자료들을 제작한다. 재능 있는 연습생 인재 풀(pool)을 확보하는 만큼 히트곡 제조기인 유명 작곡가들로부터의 곡을 수급하는 것 역시 중요한 부분을 차지한다. 유명한 프로듀서, 인기 아이돌을 보유한 회사에 아무래도 좋은 곡이 많이 몰린다.

전체적인 가수 제작 프로세스는 다음 그림을 참조하면 된다.

음반 제작 프로세스

이와 같은 제작 프로세스를 총괄하는 역할을 전문 용어로 A&R(Artist&Repatories)라고 한다. 음악 영화로 잘 알려진 〈비긴 어게인〉의 남자 주인공 마크 러팔로의 극 중 역할이 바로 이 A&R이다. 미국은 음반, 가수 기획 프로세스가 아주 세분화되어 있어서 A&R이 하나의 직업군으로 분류되지만, 아직 한국에서는 기획사의 대표 또는 메인 프로듀서가 이러한 역할을 겸한다.

곡 수급 프로세스

A급 작가 네트워크를 통한 곡 수급   시장 트렌드 지향형 선곡   Mastering

기획 Concept
Target Positionig

A급 작곡/작사가
Pool 확보

최종 선택
음반 제작

- 음악을 많이 소비
  하는 선별된 고객
  혹은 팬클럽이 후
  보 곡 평가
- 영화 시사회와 같
  이 전문적인 음악
  블로그를 써 줄
  아마추어 뮤지션
  들에게 선공개

A&R 컨셉 기획

후보 곡 List up   후보 곡 압축(편곡 과정)

시장 판단 참고   전문 평가단

실질적으로 A&R은 회사의 핵심적인 역할을 하는 '브레인(Brain)'으로서, 현재 유행하는 음악 트렌드를 분석하고 출시할 음악과 가수의 장르 및 콘셉트를 결정하며 전체적인 트레이닝 과정 감독, 마케팅 계획 수립까지 캐스팅에서부터 가수가 무대에 오르기까지의 전 과정을 총괄적으로 책임지는 매우 중요한 포지션이다.

★프로듀서·작곡가는 핵심 엔지니어 격

가수 기획사의 프로듀서·작곡가는 IT 제조 업체의 핵심 엔지니어 격이다. 이들이 앨범의 콘셉트와 방향을 정하고 음악 콘텐츠의 핵심인 노래를 작곡한다. 따라서 아무리 역량이 좋은 가수를 보유하고 있다 하더라도 대중성이 높은 양질의 곡을 수급하지 못한다면 해당 기획사의 가수가 시장에서 성공할 확률은 현저히 떨어진다.

따라서 모든 것을 총괄하는 A&R은 유능한 음반 프로듀서와 작곡가의 섭외가 주요한 역량 중 하나이다. 음원의 제작은 A&R의 곡 콘셉트 기획을 시작으로 해당 콘셉트를 가장 잘 표현할 수 있는 작곡·작사가 수급에 들어간다. 각 회사별로 이러한 과정은 내부 프로듀서의 유무에 따라 달라질 수 있으며, A급 프로듀서 수급 여부에 따라 해당 앨범의 성패가 갈릴 정도로 중요한 요소이다. 특이한 점은 기획사와 작곡·프로듀서 간의 인간적 유대 관계가 매우 중요하다는 것이다. 단순한 비즈니스적 접근에 따른 섭외 계약보다 정서적 유대 관계를 통한 프로듀싱 작업이 보편적이다.

최근에는 한 명이 한 곡 전체를 작곡하기보다는 여러 명의 작곡가가 협업하여 곡을 만들어 내는 추세다. 또한, 실질적으로 데뷔 그룹의 대표곡을 선정할 때는 A&R과 프로듀서가 정하기도 하지만, 외부에서 자문을 구하기도 한다. 영화 시사회처럼 아마추어 뮤지션들, 음악을 많이 소비하는 선별된 고객, 즉 팬클럽에게 먼저 곡을 선보이고 시장 니즈를 파악하기도 한다. 예전처럼 작곡가 개인의 느낌, 프로듀서 자신의 독단적인 선택으로 곡을 써서 대중적으로 '히트'를 치기에는 아주 복잡한 음악 시장이 되어버렸다.

이러한 제작 과정을 마치고 나면 프로모션 및 매니지먼트 활동을 계획한다. 프로모션은 온·오프라인 등 다양한 활동에 대한 구체적인 계획을 수립하고 데뷔 전 사전 마케팅부터 공식 활동 마감 예상일까지의 모든 스케줄을 계획한다. 다양한 음악 방송 프로그램 담당 PD와의 출연 스케줄 조율 및 홍보성 프로그램 출연 조율 등 PR할 수 있는 모든 매체와의 접촉을 이 시기에 본격적으로 진행하고, 지망생은 첫 방송과 동시에 공식적으로 연습생 신분에서 가수의 신분으로 바뀐다.

★3대 기획사 음반 제작 프로세스

SM은 전 세계적으로 유명한 작곡가·프로듀서 네트워크를 보유하고 있으며, 월 평균 150곡 이상이 회사로 검토 요청이 들어온다. SM은 이러한 과정을 통해 전 세계적인 음악 트렌드를 가늠할 수 있으며 트렌드에 가장 적합한 곡을 선정, 가수와 접목해 신곡을 기획하는 방식이다. 특히 북유럽 국가인 스웨덴, 덴마크, 네덜란드와 그 외에도 미국, 프랑스, 영국 등 다양한 국가에서 다양한 음악을 소싱(sourcing)하고 있으며 회사 내부에 이러한 곡을 심사하는 팀이 따로 있어 철저하게 대중적인 곡을 선별하는 시스템을 가지고 있다. 특히 한 개의 곡을 한 명의 작곡가가 작곡하는 방식이 아닌 파트별로 여러 명이 협업하는 방식으로 곡을 만들어 낸다.

JYP는 전반적으로 박진영 프로듀서의 색이 강한 음악을 제작하

며, 여기에 외부 프로듀서를 프로젝트 형식으로 영입하여 제작하는 방식이다. 최근에는 외부 작곡가의 곡을 많이 활용하고 있다.

YG는 국내의 대표적인 'In House Producing' 체계를 갖춘 기획사로, 보유 가수를 트레이닝 초기부터 작곡가 육성 트랙을 제공하여 중장기적으론 가수 개개인이 프로듀싱할 수 있는 능력을 갖추게 한다. 개인별 개성을 중요시하며 곡 작업을 할 수 있는 최상의 환경을 제공한다. YG엔터테인먼트의 작곡가는 예전 댄스 그룹 원타임의 멤버인 테디가 가장 대표적이라 할 수 있겠다. 양현석 회장이 원타임 시절부터 내부적으로 키워 회사의 대표 작곡가로 만든 것이다. 빅뱅을 비롯한 2NE1, 지누션, 이하이 등의 수많은 히트곡을 테디가 작곡·프로듀싱하였으며 최근엔 독립 레이블을 설립해 그만의 색을 더욱 내기 위한 곡 프로듀싱에 매진 중이다.

3대 기획사 음반 제작 시스템

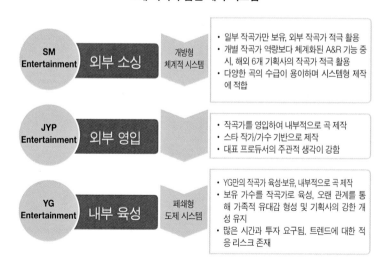

87

Interview

4

비트박서

빅맨

Interview

〈너의 목소리가 보여 6〉에서 천재적인 비트박스로 대중들에게 이름을 알리고 미국의 〈엘런쇼〉에도 초대되어 비트박스를 선보이며 무섭게 치고 올라오고 있는 신인 가수 비트박서 빅맨을 만나 보았다.

Q 가수/비트박스를 하게 된 동기는 무엇인가?

A 사실 비트박스를 하기 전에도 노래와 음악에 관심이 많았다. 중학교 3학년이 끝나고 고등학교에 들어가는 방학 전, 페이스북이 활성화되기 전에는 카카오스토리라는 sns가 활발했다. 그곳에서 어떤 사람이 간단한 비트박스를 알려 주더라. 그게 비트박스를 시작하게 된 동기이다. 또 '입에서 그런 소리가 나올 수 있구나.'라는 점에서 상당한 메리트를 느꼈던 것 같다.

Q 이제 막 알려지기 시작한 신인 가수다. 연습생 시절 가장 힘들었던 부분은 무엇인가?

A 나는 연습생 시절에 고등학생이었다. 내가 재학했던 고등학교는 청주 시내에서 공부 좀 한다는 고등학교였는데, 고등학교 3학년 때 음악으로 진로를 바꾸면서 부모님과도 마찰이 생기고 미래에 대한 불안감이 나를 제일 힘들게 했던 것 같다.

Q 연습생 시절, 가장 기억에 남는 경험이나 생각은 무엇인가?

A 부모님도 대학 시절부터 취미로 음악을 해 오셨다. 그래서 음악을 했을 때 향후 진로에 대해서도 나름 잘 알고 계셨다. 그래서 그런지 나에 대한 걱정이 정말 많으셨다. 한번은 음악을 본격적으로 시작해 보려고 아버지가 나를 실용 음악 학원에 데려가 주신 적이 있다. 그때 실용 음악 학원에 계신 선생님께 나의 자작곡을 들려 드렸다. 그때 아버지가 선생님께 "저희 아들이 소질이 있나요?"라고 여쭈어보셨다. 선생님께서 소질이 있다고 했을 때, 감사하다고 말하시는 아버지 눈에 눈물이 맺혀 있던 게 아직도 생각이 난다.

Q 연예인 생활을 하면서 가장 좋은 점과 안 좋은 점은 무엇인가?

A 내게 있어서 가장 좋은 점은 팬분들에게 좋은 음악을 들려 드리고 싶어서 정말 많은 노력을 꾸준히 하게 된다는 것이다. 그리고 안 좋은 점을 정말 굳이 뽑자면, 나에게 목적을 가지고 접근하는 사람들이 많아졌다는 것이다.

Q 가수를 준비하는 후배들에게 가장 해 주고 싶은 말 3가지가 있다면?

A 나와 같은 길을 걷는 후배들에게 하고 싶은 말은 첫째, '기회는 한 번 꼭 온다!' 라는 것이다. 물론 기회를 잡기 위해서는 실력적으로 준비가 되어 있어야 한다.

두 번째, 자신의 음악에 대해서 남들 시선을 너무 의식하지 마라. 나도 한때는 다른사람들의 시선을 의식하며 작업물에 신경을 쓴 적이 있다. 그렇게 되면 음악에 자신의 색깔이 묻어나지 않는다.

세 번째, 보다 많은 음악을 들어 음악의 스펙트럼을 넓혀라. 자신이 원하는 음악을 만들려면 머릿속에 '오늘은 이런 식으로, 이런 장르로 작업을 시작해야겠다.'라고 어느 정도 구상이 되어 있어야 하는데, 그렇지 않으면 작업할 때 시간도 많이 지연되고 작업물의 퀄리티가 떨어질 확률이 높다.

Q 다시 태어나도 이 길을 갈 것인가?

A 나는 이 길을 택해서 행복하다. 나는 가끔 '혹시 내가 현재 음악을 하지 않고 다른 진로를 택했다면 어떨까?'라는 생각을 하는데, 만약 내가 음악을 진로로 택하지 않았다면 후회했을 것 같다. 그만큼 내게 있어서 음악은 정말 삶의 일부가 된 것 같다.

다양해진 가수 기획사의
마케팅 기법

최근 연예 기획사의 마케팅 트렌드는 오디션 과정부터 대외 노출을 통한 인지도를 확보함과 동시에 시장성을 확인하고 콘셉트를 기획, 수정하는 것이다. 마케팅 방식은 방송 미디어, 콘텐츠 제작사, SNS 등 다양한 채널과 마케팅 제휴를 통하여 전방위적으로 진행하는 것이 트렌드이다. 대형 기획사의 경우 특정 방송 채널과 전략적 제휴를 맺어 적극적으로 자사의 아티스트를 데뷔 전부터 방송채널을 통해 홍보하고 있으며 공연장, 클럽 등 다양한 필드에서 적극적인 마케팅을 하는 것이 트렌드이다. 마케팅 프로세스는 크게 3단계로 나뉘는데, 사전 마케팅, 제휴 마케팅, 팬덤 마케팅이다.

마케팅 프로세스

사전 마케팅	관객 참여형 오디션, 사전 노출을 통한 인지도 확보	잠재 고객, 팬클럽의 선곡 참여	기존 스타 활용, 사회적 이슈 활용	사전 공연(콘서트/방송 전(온라인 등)) 및 음원 공개
전방위 제휴/단계적 외부 제휴	지상파, 케이블 TV, CF, 영화, 드라마 등 제작사	온라인: 포털/음악/POC	모바일: POC, MKT 회사 등	기존 스타 파워를 활용한 제휴
팬덤 활용	차별적 POC 확보, 브랜드 홈페이지, 온라인 스타 채널 등	공연, 팬미팅, 동반 여행 등의 우수 팬 혜택	자발적 MKT 유도: UCC, 댓글 등을 통한 바이럴 MKT	음원, 음반 구입

★사전 마케팅

최근의 가수 홍보·마케팅 방식을 보면 데뷔하기 전부터 드라마나 영화에서 작은 역할을 맡거나 광고에 출연하는 등 대중들에게 눈도장을 찍고 데뷔하는 경우가 많다. 신인 가수 시장의 경우 워낙 경쟁이 치열하고, 신곡 발표 후 약 1주 내에 대중들의 반응이 없으면 거의 묻혀 버리기 일쑤이기 때문이다.

최근 가수 기획사의 사전 마케팅 트렌드는 소속 신인 가수의 오디션 프로그램 출연인데, 2009년 〈슈퍼스타K〉라는 일반인들을 대상으로 한 가수 오디션 프로그램의 시작은 방송사 오디션 프로그램을 가수 기획사의 사전 마케팅의 장으로 만들었다고 봐도 무방하다.

처음에는 정말 초보 가수 지망생들이 대부분이었지만, 최근의 오디션 프로그램에는 이미 소속사가 있고, 오랜 연습 생활을 거친 가수 지망생들이 인지도를 높이고자 출연하는 경우가 많다. 가수 기획사 입장에서는 저비용으로 이슈만 된다면 가장 효과적으로 인지도를 높일 수 있는 방법이다.

대표적인 오디션 프로그램 출신 스타가 서인국이다. 서인국은 〈슈퍼스타K〉 시즌 1의 우승자로, 한국에서 처음 선보인 오디션 프로그램의 우승자여서 더욱 관심을 많이 받았다. 그의 우승곡인 〈부른다〉는 당시 음원 차트 1위를 모두 휩쓰는 기염을 토했다. 2010년 데뷔곡 〈사랑해 U〉를 출시하며 정식 가수로 데뷔하였으며, tvN의

대히트 드라마 〈응답하라 1997〉에 출연하며 스타 반열에 올랐다. 그 뒤 영화와 예능에서도 종횡무진하며 이제는 연기자로도 인정받고 있다. 그 외에도 〈벚꽃엔딩〉과 〈여수 밤바다〉로 유명한 버스커 버스커, 남매 듀엣 가수인 악동뮤지션은 오디션 프로그램을 통해 국내 최대 가수 기획사 YG엔터테인먼트에 소속되면서 신곡을 출시할 때마다 음원 차트를 휩쓸며 많은 팬의 사랑을 받고 있다.

대형 가수 기획사의 경우 오디션 프로그램뿐만 아니라 특정 방송 채널과 협약을 하여 신인 그룹 데뷔 과정을 방송 프로그램으로 제작하여 데뷔하기 전에 팬층을 확보하고 있다. 대표적으로 YG엔터테인먼트의 그룹 아이콘과 위너가 있다. Mnet의 〈WIN〉과 〈Mix & Match〉라는 프로그램을 통해 YG엔터테인먼트는 자사 소속 신인 가수들의 데뷔 과정을 서바이벌 형식으로 방송함으로써 대중들의 이목을 집중시키는 동시에 그들의 팬층을 확보하는 일거양득의 효과를 누렸다.

또한, 대중이 많이 모이는 길거리에서 직접 공연을 하며 인지도를 쌓기도 하고 실전 무대 경험 등을 쌓기도 한다. 대표적인 케이스가 씨앤블루이다. 씨앤블루는 데뷔 전 일본에서 매주 길거리 공연을 하면서 실전 경험을 혹독하게 쌓아 올리며 인지도를 구축해 나간 경우이다.

★제휴 마케팅

데뷔하기 전 가수들이 광고, 영화, 드라마 등에 단역으로 출연하여 이슈화하는 방법이다. 광고의 경우, 유명 스타의 광고 속 파트너로 출연하며 유명 스타의 유명세를 업고 마케팅하는 방식이다. 예를 들어, '라네즈 화장품 선전에 송혜교 상대역으로 광고 출연하였던 누구…'라는 식으로 소속 회사 입장에서는 신인을 소개할 때 수식어를 붙이기가 용이하다. 한 예로 YG엔터테인먼트의 신인 걸그룹 '블랙핑크'는 데뷔 전 드라마 〈프로듀사〉에 산다라 박과 함께 카메오로 출연하고, 이민호와 샘소나이트 광고를 찍고, 아이콘과 LG 광고를 찍는 등 이미 데뷔 전부터 다양한 활동을 해 왔다.

오프라인 사전 마케팅 주요 형식

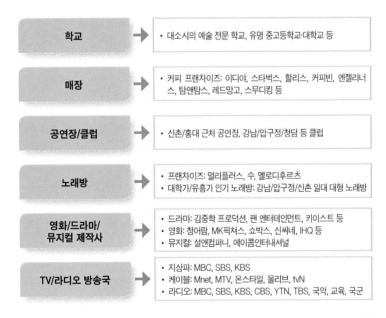

학교	• 대소시의 예술 전문 학교, 유명 중고등학교·대학교 등
매장	• 커피 프랜차이즈: 이디야, 스타벅스, 할리스, 커피빈, 엔젤리너스, 탐앤탐스, 레드망고, 스무디킹 등
공연장/클럽	• 신촌/홍대 근처 공연장, 강남/압구정/청담 등 클럽
노래방	• 프랜차이즈: 멀리플러스, 수, 멜로디후르츠 • 대학가/유흥가 인기 노래방: 강남/압구정/신촌 일대 대형 노래방
영화/드라마/뮤지컬 제작사	• 드라마: 김중학 프로덕션, 팬 엔터테인먼트, 키이스트 등 • 영화: 청어람, MK픽쳐스, 쇼박스, 신씨네, IHQ 등 • 뮤지컬: 설앤컴퍼니, 에이콤인터내셔널
TV/라디오 방송국	• 지상파: MBC, SBS, KBS • 케이블: Mnet, MTV, 온스타일, 올리브, tvN • 라디오: MBC, SBS, KBS, CBS, YTN, TBS, 국악, 교육, 국군

스타가
만들어지기까지

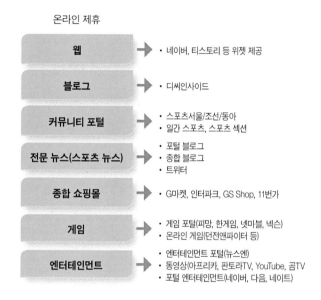

온라인 사전 마케팅 주요 형식

온라인 제휴

웹	➡	• 네이버, 티스토리 등 위젯 제공
블로그	➡	• 디씨인사이드
커뮤니티 포털	➡	• 스포츠서울/조선/동아 • 일간 스포츠, 스포츠 섹션
전문 뉴스(스포츠 뉴스)	➡	• 포털 블로그 • 종합 블로그 • 트위터
종합 쇼핑몰	➡	• G마켓, 인터파크, GS Shop, 11번가
게임	➡	• 게임 포털(피망, 한게임, 넷마블, 넥슨) • 온라인 게임(던전앤파이터 등)
엔터테인먼트	➡	• 엔터테인먼트 포털(뉴스엔) • 동영상(아프리카, 판토라TV, YouTube, 곰TV) • 포털 엔터테인먼트(네이버, 다음, 네이트)

★팬덤 마케팅, 매출의 시발점

가수 기획사에 있어서 가장 중요한 마케팅이다. 가수의 생명력은 팬덤으로부터 시작된다. 하나의 아이돌 팀 또는 가수가 나오면서 해당 앨범을 구매하고, 음원을 다운로드·스트리밍하고, MD 상품을 직접 구매하는 최초의 주 고객층이 팬덤이며 이러한 팬덤은 자발적으로 가수의 홍보·마케팅 역할까지 한다.

가수·아이돌 그룹의 신곡을 발표 초반에 팬덤들이 적극적으로 소비하면 2차적으로 대중들에게 노출되어 신곡들이 소비되는 생태게이다. 사실 유명 가수들이 신곡 음원을 발표하고 나면 '음원 3개 차트에서 전체 앨범 음원 1위부터 4위까지 석권' 등의 이야기가 나오는데, 실제 노래가 좋은 것도 있겠지만 음원이 출시한 지 몇 분도 지나지 않아 차트 상위권을 모두 차지하는 것을 보고 일반인들이 의아해 했을 법도 하다. 그 배경에는 바로 팬클럽이 있다. 특히 팬층이 두터운 가수들의 경우, 신곡이 발표 될 때 팬클럽에서 조직적으로 음원 차트 공략에 나선다.

당연히 본인들이 좋아하는 가수의 신곡이니 나오는 즉시 듣게 되는 것이고 팬들의 그런 대량 클릭이 차트 순위를 올리는 것이다. 따라서 기획사들은 팬덤을 조직적으로 관리하고 있으며, 팬덤은 마케팅 수단 중 가장 중요한 부분이라고도 할 수 있다.

팬덤 형성 과정

가수/노래의 인기 상승에 따라 특정 가수를 좋아하는 팬들의 자발적인 팬클럽 형성 (포털 사이트 등의 카페 팬클럽 개설)

〈기획사가 공식 팬클럽 운영〉
1. 온라인/모바일에서 팬들과 일상적 소통 유도
2. 회원 등급별 다양한 혜택 제공, 연도별 기수 모집
3. UCC 제작, 앨범 구매 활동 회원의 등급 업그레이드
4. 우수 회원을 위한 V.I.P Fan Zone 마련
5. 회사 방문, 소형 합동 공연, 캠프 등 다양한 혜택 제공

〈기획사 가수들을 응원하는 'Fan Supporters' 육성〉
1. 소속 가수들을 응원할 수 있도록 정보, 혜택 제공
2. 자체 운영진을 통해 기획사 활동 지원

가수/기획사에 대한 자발적 마케팅 유도
1. 댓글, UCC 제작 등 바이럴 마케팅
2. 방송 음악 신청 사연 보내기
3. 음원, 음반 구입
4. 공연장 관람

스타가
만들어지기까지

★ 마케팅 프로세스

마케팅 프로세스는 크게 유통사 마케팅, 소셜 미디어 마케팅, 언론 마케팅, 팬 마케팅 그리고 가장 전통적인 매니저들의 영업 홍보 활동으로 나뉜다. 그 과정은 세분화 되어 더욱 다양한 방법으로 소속사의 가수를 홍보한다.

★유통사 마케팅, 음원 차트 조작?

신곡이 발표되면 메이저 음원 유통사(멜론 ,벅스, 지니뮤직 등)를 통하여 음원 홍보를 하는데 차트 추천, 메인 화면 노출 등이 바로 이러한 마케팅이 되겠다.

한때 가수 기획사를 보유한 음원 유통사가 자사 소속 가수의 차트를 조작했다는 비난이 있기도 했다. 앞서 설명하였듯이, 특히 팬층이 두터운 가수들은 신곡이 발표될 때 팬클럽에서 조직적으로 음원 차트 공략에 나선다.

팬들의 자발적인 행동을 조작이라고 할 수는 없다. 하지만 가끔 일부 중소형 소속사의 경우, 돈을 지불하고 차트 클릭 수를 조작해 주는 업체를 이용하여 소속 가수들의 음원을 차트 상위권에 올려놓기도 한다. 이것이 바로 한때 논란이 되었던 음원 차트 조작이다. 중소 가수 기획사 또는 신생사의 경우 최대한 소비자들에게 노출되어야 하는데 신생 가수의 음원이 상단에 노출될 가능성은 매우 희박하다.

대형 기획사의 경우, 기존 가수들의 팬덤이 존재하기에 신곡이 출시되면 자연스레 팬들이 홍보에 앞장서므로 마케팅이 훨씬 용이하다. 결국 가요 음원 시장에서도 규모가 큰 기획사가 유리한 입장에 있는 것이다. 돈을 써서 차트를 조작하는 것은 엄연히 잘못된 행태이다. 그와 동시에 대형 기획사들의 팬덤과 막강한 자금을 바탕으로 한 마케팅 역시 다양한 음악을 들을 수 있는 생태계를 만들어 가는 데 도움이 되지 않는다.

★소셜 미디어 마케팅, EXID의 차트 역주행

요즘은 소셜 미디어(Social Media)로 많은 사람이 소통하고 있어 스타 마케팅에 있어서 소셜 미디어가 차지하는 부분이 날로 커지고 있다. 특히 10대들의 경우 전통적 미디어 플랫폼인 TV를 시청하는 시간이 갈수록 줄어들고 있는 반면, 모바일을 통한 미디어 접촉은 꾸준히 증가하고 있는 실정이다. 온라인·바이럴 마케팅의 대표적인 예는 EXID의 대표곡 〈위아래〉의 차트 역주행이다. 원래 이 곡은 대중들에게 널리 알려지기 3개월 전에 발표되었으나 중소 기획사의 마케팅이 한계에 부딪히며 묻히는 듯했다. 그러나 어느 팬의

공연 '직캠'이 동영상 사이트에서 큰 인기를 얻기 시작하며 사회적으로 이슈화되었다. 사람들이 그 곡을 찾아 듣게 되며 소위 말하는 '차트 역주행' 현상이 일어나게 된 것이다.

이렇게 대중들에게 큰 사랑을 받을 수 있는 곡도 효과적인 마케팅을 못하면 그냥 묻힐 수 있으며, 우연치 않게 소셜 미디어를 통해 큰 이슈를 불러일으키며 사랑 받을 수도 있는 것이다. 결론은 정답은 없는 것이다.

★언론 마케팅

신인 또는 기존 가수가 신곡을 발표할 때는 언론과 인터뷰를 하고, 회사는 보도 자료를 작성하여 각 매체의 연예부 담당 기자들에게 발송하여 소속 가수와 신곡이 기사화되기를 바란다. 신인의 경우, 특별히 관심을 가질 만한 기사 거리가 부족하기에 기자들에게 소속 가수의 긍정적 이슈 거리를 제공하기 위해 밤낮으로 아이디어 회의를 하여 '거리'를 만들어 낸다. 예를 들어, 〈K팝스타〉, 〈슈퍼스타K〉 입상자 출신 ○○○, 그룹 △△으로 데뷔!', 'YG엔터테인먼트 연습생 출신 ○○○, △△ 기획사에서 데뷔!', '톱 배우 ○○○의 이복동생, 가수로 데뷔하다!' 등 최대한 일반인들이 관심을 가질 만한 이슈를 짜내어 신인의 가치를 극대화하려고 노력한다.

마케팅의 종류

1) 유통사 마케팅

- 멜론 차트 추천 걸기: 1곡당 15씩 총 4곡이 추천에 걸림.
- 메인 화면 노출(최신 앨범, 빅 배너)
- 올레뮤직, 소리바다, 엠넷, 벅스, 네이버뮤직, 다음뮤직
- 컬러링, 벨소리 서비스

2) 온라인/바이럴 마케팅

- 이미지 바이럴 마케팅
  각 포털 사이트 검색어 (실시간) 순위 상위권 유지
  각 포털 사이트 연예 뉴스에 메인으로 노출
- 동영상 바이럴 마케팅
  각각의 포털 사이트에 동영상(티저 및 M/V) 상위권 노출
- 음원 바이럴 마케팅

3) 언론 마케팅

- 기자 미팅, 보도자료 작성
- 보도 기사 각 포털 사이트 메인 노출(영상 및 이미지 포함)

4) 팬 마케팅

- 페이스북, 트위터, 웨이보에 팔로워 수 늘리기(방송 예고, 모니터 관련 스케줄 및 실시간 현장 사진, 영상 올리기)
- 카카오스토리, 라인 친구 요청 늘리기, 궁금한 점 등 팬들과의 1:1 소통
- 음악 공개 방송 팬 초청
- MD 제품 구상
- 팬카페, 홈페이지, 팬 확보

★가수 매니저의 부단한 영업 활동

가수 마케팅의 마지막 방식으로, 가장 전통적이고 빠질 수 없는 홍보 활동이 매니지먼트 활동이다. 가수 기획사의 실장급 이상의 매니저가 방송국, 라디오 등 전통적 매체에 소속 가수의 데뷔를 알리고 음악 방송 출연, 라디오 출연 등의 스케줄을 잡는 활동을 말한다. 최근엔 다양한 매체가 많아져서 방송국, 라디오의 파급력이 다소 약화되었지만 그래도 지상파 3사인 것을 감안하면 이러한 매니지먼트 활동은 중요한 요소이며 각 매니저의 역량에 따라 데뷔 가수의 활동 폭이 크게 달라진다. 방송국 PR은 매니저의 역량이

크게 나타나는 부분으로, 아무리 음악이 좋아도 방송 노출 빈도, 가요 프로그램, 예능 등의 노출이 적다면 그 가수와 곡은 쉽게 시장에서 사라진다.

특히 요즘 해외 팬들이 한국 가요 인기 척도로 삼는 것이 지상파 3사의 음악 방송이다. 특히 신인들의 경우, 대중들에게 첫선을 보이는 자리이므로 전통적인 지상파 음악 프로그램 출연이 중요하다. 또한, 기존 가수들도 신곡을 출시하고 활동 시작을 알릴 때 대부분 지상파 3사의 음악 방송 프로그램을 통해 시작한다. 보통 앨범 출시 후 6주간 본격적 PR 방송 기간을 가진다. 이 기간 동안 음악 방송 프로그램, 라디오 방송, 인기 예능 프로그램 등에 출연하여 신곡을 알린다.

신인일 때에는 지상파 3사의 대표 음악 프로그램에 한 번이라도 출연시키기 위해 가수 매니저들이 담당 PD와 작가들에게 끊임없는 소속 신인 가수 홍보를 이어간다. 그 실상이 흡사 보험사의 보험 영업 사원이 신상품을 소개하는 모습과 비슷하다. 음악 프로그램 담당 PD와 작가들의 책상에는 신인 가수들의 앨범들이 수북이 쌓여 있는데, 그들에게 선택되어 음악이 틀어지는 것은 하늘의 별 따기만큼 어렵다. 따라서 매니저들은 어떻게 해서든 소속 신인 가수들의 앨범을 한 번이라도 듣게 하려고 매일같이 방송국을 찾아가 직접 커피를 타는 등 친분을 쌓기 위해 일반인들이 상상하기 힘들 정도의 부단한 노력을 한다. 또한, 음악 방송뿐만 아니라 일반인들이 익히 알고 있고 많이 보는 대표 예능 프로그램(〈런닝맨〉, 〈라디오스타〉, 〈아는형님〉 등)에 출연해 신곡 출시를 알리는 것은 그 어느 홍보 활동보다 파급 효과가 크다. 이 때문에 예능 프로그램에 자사 소속 가수를 잘 '꽂아' 넣는 매니저는 최고의 역량을 가진 매니저라고 할 수 있다. 그만큼 방송국 홍보 활동이 중요하다는 이야기이다.

★가수 매니저의 음악 방송 생방송 날의 하루

⏰ 4:00

오늘은 음악 방송 생방송이 있는 날이다. 소속 가수들의 신곡 발표 후 처음으로 하는 공식 방송 활동이다. 새벽부터 분주하게 움직여야 한다. 일단 서둘러 숙소로 픽업을 가자.

⏰ 4:30

미용실 도착, 5명이 동시에 머리를 만지니 여기저기서 헤어드라이어기 소리가 굉음을 내며 꾸벅꾸벅 졸고 있는 나를 깨운다. 우선 애들 모닝 커피도 한 잔 먹이고 다들 눈도 제대로 못 뜨고 머리를 하고 있는 모습이란…. 나도 나지만 그들도 참 안쓰럽구나. 메이크업까지 마치고 나니 6시다. 리드 보컬 ○○은 오늘 화장이 잘 안 먹었다고 투덜투덜이다. 팀의 랩을 담당하고 있는 △△는 얼굴이 팅팅 부었다고 난리고…. 분명 어젯밤 라면을 먹고 잤을 거라고 핀잔 아닌 핀잔을 준다. 헤어·메이크업 팀과 가수 멤버들을 밴 두 대에 나눠 태우고 방송국으로 출발한다.

⏰ 7:00

다행히 늦지 않고 정시에 도착했다. 전체 리허설은 7시 20분부터 시작이다. 주차장은 벌써 각 기획사의 차량들로 가득 차 있다. 다들 좀비처럼 차에서 내려 대기실로 걸어간다. 우선 대기실 복도에 붙어 있는 방송 순서표를 확인하니 3번째다. 우리는 아직 신인이라 초반 순서로 배정받았다. 대기실에 들어가니 선배 가수들이 있어 애들에게 인사를 시키고 정비를 한다. 나는 안무 팀이 도착했는지 확인하고 FD의 콜에 따라 무대 쪽으로 이동한다. 인이어와 마이크를 하나씩 나눠 받고 무대에 오르기까지 대기한다. 1차 리허설은 보통 각 팀들의 음향 체크, 의상 체크, 무대 동선 등 전반적인 조율을 한다. 베테랑 가수도 예외 없이 리허설은 꼭 참석한다.

⏰ 8:00

리허설을 마치고 다시 대기실로 왔다. 다들 배고프니 간단히 분식집에서 팀과 스태프들이 먹을 아침거리를 사온다. 그 인원만 무려 15명이니 주문해서 받아 오는 데만 40분이 넘게 걸렸다. 아침을 먹고는 최종 리허설이 있을 12시까지는 휴식이다. 다들 잠시나마 눈을 붙이려고 대기실 소파 여기저기서 자느라 정신없다. 나는 타 기획사 신인 가수들의 퍼포먼스도 체크하고 다른 매니저들과 정보 교류도 할 겸 무대 쪽으로 간다. 요즘 Y 소속사 신인 걸 그룹의 춤이 이슈가 되어 다들 이목이 집중되었다. 그들의 의상과 춤, 콘셉트

등 성공 포인트를 무대에서 세밀히 분석해 본다. 몸이 피곤하여 잠시 눈을 붙이고도 싶지만, 이러한 경쟁사 분석을 게을리하면 발전이 있을 수 없다.

⏰ 12:00

최종 리허설, 다들 1차적으로 무대에서 한 번 리허설을 하고 최종적으로 생방송처럼 순서대로 쭉 연속적으로 최종 리허설을 한다. 나도 영상을 직접 찍어 최종적으로 위치 배열 안무 등을 체크해 본다.

⏰ 15:00

본 방송 시작, 팀 멤버들이 아직 무대 경험이 적어서 그런지 긴장을 한다. 생방송이라 이때는 방송국 스태프부터 가수, 매니저들까지 모두 긴장을 놓을 수가 없다. 드디어 우리 팀의 무대가 시작된다. 신규 앨범의 첫 방송이라 애들이 실수 없이 잘 해낼 수 있을까 걱정이다. 다행히 무대 동선 꼬임 없이 연습하던 대로 잘 마쳤다. 이 정도면 선방이다!

⏰ 16:30

약 1시간의 음악 방송 무대가 끝나고 담당 PD 방으로 인사를 간다. CD를 나눠 드리고 멤버들을 하나하나 인사시켰다. 드디어 오늘의 중요한 일정이 종료되는 순간이다.

🕐 16:40

경상남도 하동군의 지자체 행사에 초청되어 급하게 내려가야 한다. 음악 방송을 같이 했던 안무 팀과 스타일리스트까지 밴 두 대와 카니발 한 대에 나누어 타고 출발한다. 막내 로드 매니저들은 내비게이션보다 빠르고 정확한 경험치로 안 막히는 길을 통해 서울을 예상보다 빨리 벗어나 고속 도로를 달리기 시작한다. 다들 지쳐서 취침 모드다.

🕐 21:00

행사 시간을 맞추느라 휴게소도 들리지 않고 달려 겨우 도착했다. 오늘은 하동군에서 큰 행사가 있는 날인가 보다. 무대에서 노래 세 곡을 부르고 내려왔다. 지칠 법도 한데 다들 내색하지 않고 무사히 공연을 잘해 주었다. 지역 군수님과 간단히 담소를 나누고 사진 촬영을 했다. 행사 주최 측인 하동군청의 관광진흥과에서 멀리까지 내려와 공연해 주었다고 고마움의 표시로 지역 토산물을 꽤 많이 챙겨 주셨다. 지방 행사를 하러 가면 느끼는 따뜻한 묘미이다.

스타가
만들어지기까지

⏰ **21:40**

다시 서울로 출발한다. 돌아가는 길에 차에서 선물로 받은 군밤과 고구마를 간식 삼아 먹는다. 힘들었지만 하루 마무리를 잘 했다는 안도감에 다들 수다와 함께 가벼운 마음으로 돌아간다.

⏰ **2:00**

서울 강남에 도착했다. 멤버들을 숙소에 안전하게 내려 주고 막내 매니저들은 안무 팀과 스타일리스트들을 해산 장소까지 또 데려다준다. 회사로 돌아와 오늘 하루 있었던 일과 정리와 정산 내역 등을 간단히 정리한다. 새벽 3시다. 어제 새벽 4시부터 시작한 일정이 거의 꽉 찬 24시간 만에 종료되는 순간이다. 허기짐에 근처 해장국 집으로 배를 채우러 가는 것으로 오늘 하루를 마무리한다.

5

MCN 사업

김대성 본부장

최근 1인 콘텐츠 크리에이터가 각광받는 시장에서 MCN 사업을 이끌고 있는 썬파워 프로덕션의 김대성 본부장을 인터뷰했다.

Q 전통의 플랫폼인 TV 채널이 아니라 이제는 유튜브, 인스타그램 등 새로운 플랫폼을 통해서 10대, 20대들이 적극적으로 본인의 콘텐츠를 유통한다. 앞으로의 전망을 어떻게 보나?

A 예전에는 유명인(셀럽)이 되기 위해선 하나의 통로 즉, 기존의 방송만이 존재했지만 SNS와 UCC 형태의 동영상 플랫폼 시장이 열린 뒤부터는 매우 다양한 형태의 데뷔와 성장이 폭발적으로 이루어지고 있다. 소위 말하는 연예인이 되지 않더라도 여러 가지 분야의 전문 셀럽으로 자리매김하여 미래에는 현재의 연예인과 큰 차이도 없이 그 경계가 허물어져 대중의 '스타'라는 한 영역으로 통합될 것이다. 엔터테인먼트 시장 자체에서도 매니지먼트에만 의존하던 1:1 관리 시스템이 아닌 스스로 성장해서 자생하며 수익을 내는 1인 크리에이터들이 스타 셀럽이 되는 현상을 지켜보면서 적극적인 셀프 콘텐츠의 생산, 유통은 현시점에서 바람직하며 긍정적이라고 생각한다. 물론 정확한 카테고리 선정이 필요하고 유해, 불건전 콘텐츠들에 대한 지향은 피해야 한다.

스타가
만들어지기까지

Q 이와 함께 최근 1인 콘텐츠 크리에이터 등 새로운 장르의 셀럽들이 탄생하고 있다. 웬만한 연예인보다 더 인기가 있는데, 이러한 1인 콘텐츠 크리에이터 셀럽들이 나아가야 할 방향성과 전망은 무엇인가?

A 위에서 언급한 바와 같이 '크리에이터다.', '연예인이다.', 셀럽이다.' 이런 구분은 대중들의 인식 속에서 '스타'라는 한 영역이 될 것이다. 이미 유튜브라는 공간을 두고 살펴보아도 연예인과 크리에이터 사이에 장벽이 거의 없다고 봐도 무방하다.

그렇기 때문에 디지털로 탄생하고 성장하고 있는 이들은 대중들의 눈높이에서 스스로 콘텐츠의 질 향상을 위해 노력해야 한다. 더불어 미래지향적 관리와 MCN 업체들과의 교류가 필수 요소로 될 것이다.

또한, 국내에만 국한되지 않는 글로벌한 목표 설정도 가능하기 때문에 언어와 정서적인 부분에 대한 노력도 겸한다면 충분히 세계적인 스타가 될 수도 있다.

Q 기존 연예인(배우/가수)의 시장과 같은 시장이 될지 아니면 1인 콘텐츠 크리에이터 시장으로 중심이 넘어가게 될지 궁금하다.

A 현재 미국 시장은 이미 온라인 출신 스타들이 기존의 스타들과 교류하며 컬래버를 하기도 하고, 배우와 가수로 데뷔해 대중들의 사랑을 많이 받고 있다. 이 모든 게 자연스럽게 여겨지며 더 새로운 형태의 무언가를 개발하고 있다. 이젠 스타로서의 성장

의 조건은 온라인과 기존 방송의 적절한 협조, 활용에서 탄생하는 하나의 지점이 될 것이다.

현재 엔터테인먼트 산업의 주체 또한 대부분 에이전트와 MCN 사업체들로 형성되고 기존 방송국들도 주로 디지털 사업을 영위하며 발전하고 있는 상황도 우리가 학습하며 지향해야 할 부분이다.

내가 미국을 예시를 든 이유는 우리가 선호하는 대부분의 플랫폼이 미국의 개발과 활성화 선점을 통해 우리에게 왔기 때문이다. 100%는 아니겠지만 시장의 통계와 대중들의 인식이 확연하게 보여 주고 있다.

한국만의 특별함과 주체성을 가지는 것도 매우 중요한 부분이다. 그렇기에 막대한 영향이 될 수도 있는 미국의 디지털 사례를 학습하며 배워 가야 할 필요성이 있다고 본다. 관련 업체와 셀럽 모두 말이다.

Q 1인 콘텐츠 크리에이터가 되고자 하는 이들에게 해 주고 싶은 말이 있나?

A 우리는 누구나 크리에이터가 될 수 있는 시대에 살고 있다. 하지만 아무나 대중들의 사랑을 받고 이를 유지해 수익을 내며 자기 직업으로 삼는 것은 불가능하다. 앞으로 더욱 힘들어질 것이다. 기하급수적으로 많은 콘텐츠와 크리에이터가 난무하는 현시점은 새로운 생태계가 만들어 내는 문화 과도기라고 생각

스타가
만들어지기까지

한다. 대중들의 질 좋은 콘텐츠에 대한 선택의 욕구는 진화된 생태계로 발전될 것이며 그에 따라 저절로 스타도 만들어질 것이다.

위에서 언급했지만, 기존의 방식을 따르는 것이 아닌 현 시장에 대해 이해하고 '글로벌화'라는 큰 그림을 그리며 도전해 본다면 너무도 무궁무진한 직업이 될 수 있다.

신인 그룹 데뷔와
신곡 발표 비용

★ 50억 원이나 든다고? 중소기업 연간 운영 비용과 맞먹는 아이돌 그룹의 '탄생 비용'

통상적으로 아이돌 그룹의 초기 육성부터 데뷔까지 최소 약 30억 원에서 최대 50억 원이 든다. 여기에는 안무, 가창, 발성, 작곡, 외국어 등 회사가 제공하는 교육과 숙식비 등이 포함된다. 일반적으로 최소 2~3년 트레이닝 기간을 목표로 하는데, 이 기간이 늘어나면 늘어날수록 예산도 더욱 늘어나는 구조이기에 회사와 연습생 모두 '연습 기간'을 최대한 줄이고자 하는데, 뜻대로 쉽게 되지는 않는다. 부득이하게 이 기간이 늘어나면서 회사의 재정 상황이 악화되어 데뷔가 무산되는 경우도 허다하다. 재차 강조하지만 지망생은 재정이 튼튼한 대형 기획사에 입사하는 것이 데뷔 확률을 높일 수 있는 굉장히 중요한 요소다.

설령 그렇지 못한다고 하더라도 너무 낙심할 필요는 없다. 워낙 변수가 많은 산업이라 안개처럼 앞이 캄캄하다가도 어느 날 갑자기 햇빛이 찬란하게 비치는 날로 변하는 것이 바로 엔터테인먼트 산업의 매력이니까.

스타가
만들어지기까지

★활동 비용 6주에 5억 원!

아이돌 그룹의 데뷔 공식은 사전 마케팅을 거친 후 본격적으로 지상파 3사의 음악 방송에 출연하는 것인데, 일반적으로 6주간의 공식적인 데뷔 기간을 가진다. 대략적으로 하나의 아이돌 그룹이 신곡을 발표하고 데뷔하는 데 최소 약 5억 원의 비용이 발생하는데, 회사의 규모에 따라 그 비용에는 큰 차이가 있다. 예를 들어, 대형 기획사의 경우 내부적으로 녹음실과 음원 제작 인프라를 갖추고 있어 따로 추가 비용이 발생하지 않을 수 있다. 특히 뮤직비디오의 경우 감독과 퀄리티에 따라 그 가격의 차이가 크다. 방송 활동에 들어가고 난 뒤 무대에서 입는 의상도 내용에 따라 비용은 크게 늘어나기도 하고 줄어들기도 한다. 아이돌 그룹의 인원에 따라서 그리고 각 기획사별로 앨범 투자 규모에 따라 비용의 차이는 천차만별이다. 물론 약 5억 원이라는 금액은 아이돌 트레이닝, 개발 비용 등은 포함되지 않은 순수 앨범 제작 및 데뷔 활동 비용이다.

신곡 & 녹음	신곡	신곡: 1천 5백만 원(3곡 기준, 아웃소싱)
	녹음실	1천 2백만 원 +/-α(3곡 기준) [녹음실 사용료/믹스/마스터/코러스/세션 녹음(실제 악기)]
	합계	2천 7백만 원
뮤직 비디오	제작	1억 원(1편 기준, 후반 작업 비용 포함)
	M/V	5백만 원 +/-α
	M/V 의상	3천만 원 (제작 의상 1인 3벌 정도 기준으로 드라마씬, 군무씬, 립싱크씬 등에 따라 추가 비용 발생)
	스타일리스트, 미용, 안무	1천 5백만 원 +/-α (스타일리스트/헤어/메이크업/안무 팀 인건비)
	합계	1억 5천만 원 +/-α
앨범 자켓	자켓 사진	4백만 원 +/-α(스튜디오 or 야외 장소 및 세트 비용 추가)
	스타일리스트 인건비	2백만 원 +/-α
	자켓 의상	1천만 원 +/-α (1인 3벌 기준으로 뮤직비디오 의상이 중복되는 경우 비용 절감)
	자켓 미용	4백만 원 +/-α (헤어&메이크업 인건비용, 컨셉으로 인한 시술 및 스타일링으로 인한 추가 비용 발생 가능)
	합계	2천만 원 +/-α
바이럴 마케팅	합계	1억 5백만 원 +/-α
임가공비		2천 원(장당 기준, 인쇄, 포장 포함)
	합계	2백만 원 +/-α(1천 장 기준) 프로모션용 제작
음악 방송 (6주 기준)	안무 창작비	5백만 원(타이틀 곡에 대한 방송 안무 창작 비용)
	안무 팀 인건비	1천만 원(1주 4개 음악 방송 출연/6주 24개 음악 방송 출연 기준)
	합계	1천 5백만 원 +/-α
		무대 의상 제작(6주 24개 음악 방송 5인 출연 기준, 안무 팀 포함)
	합계	1억 7천만 원 +/-α
	방송 미용	헤어/메이크업 스타일링(5인 기준 회당 20만 원/출장비 20만 원)
	합계	1천만 원 +/-α
총 합계		5억 원 +/-α

5인조 아이돌 데뷔 활동 비용(6주 기준)

톱 가수가 되고 난 후에
찾아오는 변화

★ 전용기를 이용하다

요즘 톱 가수가 되고 난 뒤 가장 큰 변화는 해외 공연의 폭발적인 증가이다. 예전에는 해외라 하더라도 일본이 주요 해외 무대였다면 지금은 중국, 동남아, 미국, 유럽, 남미까지 대부분 국가의 주요 도시에서 한국 톱 가수들의 공연이 진행된다. 예전에는 인기 그룹의 경우 주로 지방의 나이트클럽, 지방 행사 등에 초청 가수로 공연을 했다면 지금은 전 세계를 무대로 공연을 다니는 규모로 바뀌게 된 것이다.

중국, 일본 등 가까운 국가에서 빡빡하게 공연 스케줄이 잡힐 때에는 해외 팝 스타들처럼 전용기를 이용하여 이동하기도 한다. 안타깝게도 공연 스케줄이 워낙 살인적이라 관광은 엄두도 못 내지만 공항에서부터 체류 기간 동안 귀빈 대접을 받고 일부 국가의 경우 지역 경찰의 호위를 받으며 이동하기도 한다. 게다가 머무르는 호텔 측에서 한 층을 통째로 비워 스타가 편안하게 지낼 수 있도록 배려해 주기도 한다.

★예능 프로그램 섭외 전쟁

앞서 언급하였듯 신인일 때는 가수는 물론이고 가수 매니저의 생활도 정말 고달프다. 소속 가수는 하루 3~4시간을 자며 연습과 공연 준비를 하고, 가수 매니저는 발이 닳도록 방송국을 드나들며 신인 홍보에 여념이 없다. 하지만 소속 가수가 속된 말로 '뜨고' 나면 그 입장은 바뀌게 된다.

음악 방송 프로그램은 물론이고 특히 예능 프로그램의 담당 PD와 작가들은 스타가 된 가수를 본인 방송에 출연시키기 위해 해당 가수의 매니저들에게 역으로 부단하게 노력한다. 왜냐하면 예능 프로그램 대부분이 게스트 초대 형식의 포맷을 가지고 운영하는데, 톱스타의 출연은 시청률 상승에 막대한 영향을 미치기 때문이다. 그렇다고 가수와 매니저가 방송국 관계자들에게 슈퍼 갑이 되는 것은 아니다. 가수는 나중에 신규 앨범을 홍보하기 위해 방송 출연이 필요할 때가 있을 것이고, 매니저의 경우 나중에 회사의 신인 가수를 홍보할 일이 분명히 생기기 때문에 방송국 관계자들과는 서로 공생 관계인 것이다.

즉 영원한 갑도, 영원한 을도 없다.

★팬들의 조공이 시작되다

특히 가수의 경우 뜨고 나면 팬층이 폭발적으로 증가하는데, 일반적으로 말하는 팬들의 '조공'인 선물이 하루가 멀다 하고 배달된다. 그 종류는 비타민제부터 고가의 의류, 시계까지 정말 다양하게 배달되어 온다. 신인 가수는 처음 이런 팬들의 사랑을 받다 보면 어리둥절하게 되는데, 팬들의 선물이 너무나 많아 처음에는 본인이 직접 소장하지만 나중에는 부득이하게 가족이나 지인들, 그리고 소속사 스태프들에게 나누어 주기도 한다.

Interview

6

god
데니안

Interview

1999년 〈어머님께〉라는 노래로 데뷔하여 선풍적인 인기를 얻고 2000년대 한국 가요 시장을 뒤흔들었던 원조 아이돌 그룹 god의 멤버 데니안을 만나 보았다.

Q 가수를 하게 된 동기는 무엇인가?

A 음악이나 연기에 아무런 관심이 없던 아이였다. 중학교 2학년 때 우연히 TV로 서태지와아이들의 무대를 보고 심장의 두근거림을 느끼며 팬이 되었고, 그때부터 음악과 춤에 관심을 가지면서 가수의 꿈을 키웠다.

Q 신인 가수 시절 가장 힘들었던 것은 무엇인가?

A 방송에서도 많이 이야기했듯이, 멤버들과 일산 산속에 있는 숙소에서 1년 넘게 기획사의 지원 없이 우리끼리 배고픔을 참아가며 기약없이 연습하고 또 연습했다. 그때가 가장 힘들었다.

Q 신인 배우 시절 가장 기억에 남는 경험이나 생각이 있나?

A 앞에도 얘기했듯이 멤버들끼리 그렇게 고생하며 지낸 것이 힘들기도 했지만, 어린 나이에 집을 떠나 지내는 것이 재밌기도 했다. 하지만 대학도 포기하고 시간을 투자했는데 '정말 데뷔할 수 있을까?'라는 걱정도 많이 했다.

스타가
만들어지기까지

Q 가수로서 알려지게 되고 난 후에 가장 크게 달라진 점은 무엇인가?

A 기획사의 지원도 많이 달라졌지만 아무래도 팬들도 엄청나게 많아지고 많은 분이 알아봐 주시면서 삶의 환경이 변한 것이 가장 크게 달라진 점이 아닐까 생각한다.

Q 실제로 연예인 생활을 하면서 가장 좋은 점과? 안 좋은 점은?

A 연예인 생활의 좋은 점보다는 내가 꿈에 그리던, 좋아하는 일 (god)을 인정받고 많은 사랑을 받으면서 할 수 있었던 것이 가장 좋았던 점이라고 생각한다. 또 배우도 아직은 작품 활동을 많이 하지는 않았지만 내가 좋아하는 일(연기)에 또 도전할 수 있다는 것이 좋다.

  연예인 생활은 수입이 고정적이지 않고 불규칙하기 때문에 불안정한 환경이 가장 안 좋은 점인 것 같다.

Q 후배들에게 가장 해 주고 싶은 말 3가지가 있다면?

A 모든 직업이 그렇겠지만 특히 엔터 쪽 일은 얻는 것이 있는 만큼 포기해야 하는 것이 많고 상처를 줄 일과 받을 일도 그만큼 많다. 화려함을 좇지 말고 정말 내가 원하는 것이 무엇인가를 항상 고민하고 꿈을 향해 준비했으면 좋겠다.

★한국 매니지먼트 산업의 성장 과정

한국의 매니지먼트 산업의 성장 과정을 보면 60년대까지는 철저히 연예인과 개인 매니저 1대1 관계로, 매니저는 연예인의 '일 봐 주는 사람'이라는 개념이었는데, 주로 연예인의 고향 친구, 선후배 등이 자연스레 일을 하게 되었다. 70년대에 들어서는 대중문화가 급속하게 팽창하면서 스타급 연예인들이 탄생했으며, 80년대에 들어서는 국내 가요 시장의 호황으로 음반 기획사들이 1차 전성기를 거쳤다.

그 후 90년대, 큰 변화가 오게 되는 계기가 생긴다. 바로 방송국의 연예인 전속 계약 시스템이 해체된 것이다. 그 당시만 하더라도 연예인들은 전속되어 있는 특정 방송국의 출연만 허락되었고, 타 방송국 출연은 엄격히 금지되던 때였다.

그러나 미국 할리우드에서 스튜디오 전속 시스템이 무너지고 배우들의 자유 계약제가 시행된 것처럼 한국도 1992년 민영 방송인 SBS가 출범하면서 방송국의 연예인 전속 시스템이 무너졌다.

★SBS 등장으로 본격적 매니지먼트 시대 시작

후발 주자인 SBS는 자사 방송에 유명 연예인들을 출연시키기 위해 평균보다 훨씬 높은 출연료를 제시했고, 자본주의의 논리에 따라 연예인들은 기존 방송국과의 전속 계약을 해지하고 자유롭게 여러 방송국을 오가며 출연하게 되었다. 이는 전속 방송국과 일률적으로 계약하던 관행에서 매 작품마다 여러 방송국과의 다양한 계약을 맺는 형태로 변화함에 따라 자연스레 매니지먼트 업무 확장하는 계기가 되었다.

이러한 성장통을 겪으며 영세 매니지먼트사가 우후죽순 생기게 되었고, 90년대 중후반에 이르러 국내 가요 산업이 한 단계 발전하면서 우리가 현재 익히 알고 있는 SM, JYP, YG엔터테인먼트 등 음반 제작을 기반으로 하는 대형 기획사들이 탄생하였다. 또한, 소형 매니지먼트사들이 합병하면서 대형 회사로 진화하였고 증시에 상장하면서 풍부한 자본으로 엔터테인먼트뿐만 아니라 외식, 화장품, 패션 등 다양한 분야로 진출하면서 기업화되었다.

한국 매니지먼트의 성장 과정

① 1970~1980: 초기 매니저 시기

대중문화의 급속한 확장과 함께 배우·가수 매니저가 탄생.

② 1980~1990: 개인 매니저 황금기

음반을 기획하는 매니지먼트 기획사 설립, 음반 기획사들의 전성기.
연기자들의 수익은 등급제와 '전속제'라는 제도에 의해 결정. 1990년대 초 민영 방송 SBS 등장으로 연기자
매니지먼트의 역할이 단순 일정 관리에서 지금의 수익 관리까지 영역이 확장됨

③ 1990~1995: 기업형 매니지먼트사의 등장

방송국의 전속 계약 시스템이 해체되면서 자유 계약이 활발해지고 방송 프로그램의 양적, 질적 경쟁을 야기
하면서 연예인의 활동 관리가 필연적으로 요구됨에 따라 기업형 매니지먼트 회사 등장

④ 1995~현재: 연예 매니지먼트 산업 시대의 도래

문화 산업의 저변 확대와 케이블 TV, 위성 방송, 인터넷의 급속한 확산으로 인한 방송 영상 콘텐츠의 중요성
이 부가되었으며, 한류 열풍과 영화 산업의 성장으로 인한 스타 수요 증가로 거대 자금이 연예 산업으로 유
입. SM엔터테인먼트, YG엔터테인먼트, JYP엔터테인먼트 등 음반 제작을 기반으로 하는 대형 기획사들이
설립되며 본격적인 종합 엔터테인먼트 회사의 시대가 시작.

★가수 매니지먼트와 배우 매니지먼트

가수 매니지먼트 산업의 경우 90년대 중반부터 회사가 기업화되
면서 체계적인 시스템을 갖추었으나, 그에 비해 배우 매니지먼트 업
계는 최근에서야 산업화의 초기 모습을 조금씩 갖추어 나가고 있
는 실정이다. 가수 위주의 한류 열풍에서 배우들로 옮겨 가면서 자
본이 많이 들어오기 시작했고, 해외 사업자와의 비즈니스 기회도

많아졌다. 그러면서 과거 배우의 개인 일정 및 촬영 스케줄 관리에 그쳤던 매니지먼트 개념이 달라졌다. 배우의 상품성을 체계적으로 관리하고 시나리오를 분석하고 소속 배우에게 적합한 작품을 선정하여 배우로서의 상품성을 극대화하는 동시에 브랜드화하여 이윤 창출을 높이는 미국의 에이전시 개념으로 발전하고 있는 것이다.

★연예 매니지먼트 시스템이란

가수의 음반 제작, 공연, 배우의 TV 드라마, 연예 프로그램, CF 출연 등 엔터테인먼트 산업의 전체 과정을 기획, 관리, 유지하는 매니지먼트 사이클의 효율적인 운용을 통해 이윤을 창출하는 행위를 연예 매니지먼트라 한다.

역할에 따라 크게 두 가지로 나뉜다. 연예인의 개인 스케줄을 관리하는 매니저와 방송 출연 섭외, 영화·드라마 출연 계약, 광고 계약 등 전반적인 비즈니스를 담당하는 에이전트로 나뉜다. 미국 할리우드의 경우 이 두 가지 역할이 분업화되어 각기 다른 조직에서 행해지고 있지만, 한국의 경우 한 회사에서 비즈니스 계약 업무는 이사급 이상의 임원이, 연예인 스케줄 관리는 소위 말하는 로드 매니저부터 실장급의 매니저들이 담당하고 있다.

즉, 한국의 경우 매니지먼트는 연예인에게 A부터 Z까지 토털 서비스하는 복합적 매니지먼트 형식이며, 톱스타의 소속 여부에 따라 흥망이 결정되는 조직적 특성을 가지고 있다. 한국에 이러한 형태의 매니지먼트 시스템이 정착하게 된 것은 아직 산업화가 덜 된 것도 그 이유지만, 우선 산업 초창기에 스타가 될 수 있는 인재 풀(pool)이 부족했기 때문에 매니지먼트 회사가 직접 발굴하여 이른바 '집중 트레이닝'을 거쳐 스타를 만들어 가는 구조로 정착한 것이다. 회사에서는 연예인 지망생 중 가능성이 보이는 인재를 조기 발굴하여 회사와 전속 계약을 한 후 집중 트레이닝을 거쳐 상품화 시키는 것이 빠르고 효율적이라고 판단하는 것이다.

초창기 국내의 연예 매니지먼트 회사는 단순히 소속 연예인의 방송 스케줄을 관리하는 것에 그쳤지만 점차 연예인의 출연 여부 결정, 출연료 협상 및 계약 체결 등의 업무를 시작했다. 최근에는 드라마·영화 제작사와 전략적 제휴를 맺거나, 아예 영화와 방송 제작에 뛰어들면서 보다 다양한 형태의 산업 진출을 꾀하고 있다.

★스타 위주의 제작 시스템, 그보다는 우수한 콘텐츠가 우선이다

국내 방송사의 연예인 전속 시스템이 와해된 후, 스타 파워의 권력화가 연예 매니지먼트사로부터 시작되었는데, 이는 드라마·영화 등 작품에 있어서 가장 중요한 요소 중 하나인 캐스팅 권한이 방송사에서 연예 매니지먼트사로 넘어갔기 때문이다. 방송사의 연예

스타가
만들어지기까지

인 전속 시스템 와해와 함께 캐스팅 독점권이 사라졌고, 외주 제작 비율이 정부 정책에 의해 활성화되면서 스타 파워는 더욱 공고해졌다. 높은 시청률 기록과 기업 광고 유치를 이유로 작품의 스타 의존도가 점점 높아지면서 외주 제작사는 스타들에게 높은 출연료를 지불하게 되었고, 스타급 연예인을 보유한 연예 매니지먼트사의 권력화가 시작되었다.

최근엔 여기서 더 진화하여 대형 매니지먼트사들의 콘텐츠 제작 겸업이 활발히 이루어지고 있다. 소속 스타를 바탕으로 콘텐츠를 제작하여 수익을 극대화하려는 전략인데, 연예 매니지먼트사의 수익 배분 구조를 보면 충분히 이해가 되는 부분이긴 하다. 회사는 몇 년간 공들여 스타를 만들어 놓지만, 수익이 가시화되면 스타는 회사 측에 높은 수익 배분을 요구하고 받아들여지지 않으면 회사를 떠나 1인 기획사를 차리거나 더 좋은 조건을 제시하는 회사로 높은 전속 계약금을 받고 떠난다.

이러한 악순환 때문에 매니지먼트사는 안정적으로 수익을 낼 수 있는 콘텐츠 제작으로 사업 분야를 확장하고 있는 것이다. 매니지먼트사가 제작을 맡아 소속 배우를 출연시킬 경우, 거액의 출연료 지불에 따른 제작비 상승을 막을 수 있고 소속 신인 배우의 패키지 캐스팅이 용이하다. 콘텐츠 제작을 겸할 경우 제2의 스타 탄생이 다른 매니지먼트사에 비하여 수월하다는 장점이 있다. 또한, 스타 캐스팅에 따른 기업의 광고 협찬과 제작비 투자 유치가 훨씬 용이하다.

반면 부작용도 있는데, 매니지먼트사의 이윤 창출만을 위해 배역에 어울리지 않는 배우를 무리해서 캐스팅하거나 기획 단계부터 배우를 위한 콘텐츠가 만들어지기도 한다. 궁극적으로는 대중들에게 외면받는 작품이 만들어질 수 있는 허점도 존재하는 것이다. 콘텐츠 제작 자체를 지나치게 스타 한 명에게 의존하거나 스타를 과도하게 마케팅에 활용하는 것은 작품의 완성도를 떨어뜨릴 수 있다.

★ 드라마 〈응답하라〉 시리즈로
서인국, 정우, 유연석, 박보검 등의 슈퍼스타가 탄생

스타는 분명 콘텐츠의 흥행 여부를 결정짓는 중요한 요소이다. 동시에 스타는 콘텐츠의 흥행 여부에 따라 탄생된다. 요즘은 잘생기고 예쁜 연예인이 정말 많기도 하지만, 아무리 외모가 출중하더라도 대중들에게 사랑받는 매력적인 콘텐츠가 뒷받침되지 않는다면 스타는 탄생할 수 없고 출연한 연예인은 수많은 연예인 중 그저 한 명일 뿐이다. 즉, 자신이 가진 능력과 외모 조건만으로 스타가 되는 것이 아니라 이러한 기본 조건을 바탕으로 대중들의 관심을 끌 수 있는 작품에 출연하여 그들에게 선택받아 스타가 만들어지는 것이다. 다시 말해, 대중들에게 사랑을 받고 매력적으로 보이는 것은 결국 그 연예인이 맡은 극 중의 캐릭터 때문이다.

tvN의 〈응답하라〉 시리즈를 보더라도 그렇다. 스타에 의존한 제

작이 아닌 참신한 시나리오를 바탕으로 한 뛰어난 연출과 연기력이 출중한 배우들의 조합으로 많은 대중에게 사랑받는 작품이 탄생할 수 있었다.

박보검이 무려 천 7백만 명이 관람한 〈명량〉과 김혜수 주연의 〈차이나타운〉에 출연했다는 사실을 알고 있는가? 특히 〈차이나타운〉은 꽤 비중 있는 역이었음에도 불구하고 그 영화에 박보검이라는 남자 배우가 출연했다는 사실을 인지하는 대중들은 별로 없다. 하지만 그 후 박보검은 〈응답하라 1988〉에서 매력적인 캐릭터를 연기하며 대중들에게 깊이 각인 되었으며, 그 작품 이후 스타가 되었다. 즉, 극 중의 캐릭터가 스타를 만드는 것이다. 앞으로 스타의 흥행성에 기반을 둔 작품보다는 이러한 콘텐츠에 중심을 둔 작품들이 많아져야 한다고 본다.

★스타에게 집중되는 수익 구조, 고질적인 악순환

미국 할리우드와 관련된 한 기사에는 과거 12년 동안 2만여 명의 배우 중 단 12명만이 스타급 배우가 되었다는 통계가 있다. 그만큼 연예인은 많지만 스타는 언제나 부족하여 스타의 희소가치는 높다는 뜻이다.

스타의 출연 출연료는 스타라는 상품의 희소가치에 따라 천차만별이다. 그 희소가치 때문에 높은 출연료를 받는 것은 당연하지만 합리적인 수준을 넘어 드라마 전체 제작 예산의 40~50% 가까이 차지하는 경우가 있다. 최근 일부 스타의 과도한 출연료 상승은 중장기적으로 완성도 높은 콘텐츠 제작의 부실로 이어질 가능성이 높다.

그 이유는 첫째, 콘텐츠 제작 예산의 상승률이 스타의 출연료 상승률을 따라오지 못하고 있다. 그 괴리가 커짐에 따라 한정적인 재원으로 콘텐츠를 제작해야 하는 제작사 입장에서는 몇몇 스타의 출연료 상승을 충족시켜 주기 위해 다른 부분의 예산을 축소할 수밖에 없다. 즉, 제작 인력과 장비의 축소, 조연급 배역들의 감소 등 다른 부분에서 예산 축소가 요구된다. 문제는 배우의 높은 출연료가 작품의 질로 연결되지 않는다는 점이다.

둘째, 부족한 예산을 채우고자 작품의 전개와 상관없는 과도한 광고 PPL 삽입은 작품의 완성도를 저해하고 시청자들로 하여금 작품 몰입도를 방해한다.

물론 이러한 시장 풍토가 형성된 것은 콘텐츠의 완성도보다 단순히 스타에 의존하여 작품을 생산하고, 대중들에게 인기를 얻고자 하는 제작사의 문제가 크다. 제작사가 이렇게 쉬운 길을 택하는 이유는 스타가 가진 두터운 팬층의 티켓 파워는 제작사 입장에서는 리스크 없는 흥행 보증 수표이기 때문이다. 스타에 의존한 이런 콘텐츠 생산에는 분명 한계가 있는데, 우수한 콘텐츠는 탄탄한 기획, 좋은 시나리오, 연기력이 뛰어난 연기자, 역량 있는 스태프가 어우러져 탄생하는 것이다. 궁극적으로 산업의 모든 참가자에게 수익이 골고루 분배되는 것이 장기적으로 산업이 건전하게 성장하는 길이라고 본다.

스타, 그들이 문화 자본이다. 스타는 엔터테인먼트 산업의 중요한 자본임과 동시에 우수한 콘텐츠를 대중들에게 지속적으로 소비되게 하고 부가적인 가치 창출을 일으킨다. 하지만 지금 엔터테인먼트 산업은 이 자본을 효율적으로 활용하기보다는 스타 파워에 끌려 다니고 있으며, 동시에 매니지먼트 회사들은 황금알을 낳는 거위의 배를 갈라 버리는 것처럼 무분별하게 스타라는 자본을 소비하고 있다.

한국은 콘텐츠 제작사와 스타 사이의 수급 불균형이 심한 편이다. 이는 '스타 공급 부족에 따른 일부 연예 매니지먼트사의 스타 권력화 → 소수 스타의 과도한 출연료 상승 → 콘텐츠 제작비의 상승 → 비용 절감에 따른 콘텐츠 부실'로 이어진다. 현재 국내법상 매니지먼트 산업에 대한 진입 장벽은 없으며, 음반 제작 기획사에 한해 신고 제도만 존재한다. 즉, 한국은 소수의 스타를 관리하는 소규모의 개인 매니지먼트사를 기반으로 영세한 업체가 난립할 수밖에 없는 구조이다. 스튜디오 제작 시스템을 기반으로 자본 집약적인 산업을 이루고 있는 할리우드의 전문성과 시스템화된 구조에서 우수한 인력들이 높은 수익을 창출해 내는 것과는 출발부터 다를 수밖에 없다.

현재 한국의 매니지먼트사의 가장 큰 문제는 비용이다. 즉, 수익을 창출하지 못하는 것이다. 일반적으로 스타의 경우 회사와 8:2, 9:1 등의 수익 비율로 계약한다. 그리고 미국과는 다르게 매니지먼트사에서 아티스트에게 토털 서비스를 해 준다(차량, 매니저, 제반 비용, 법무, 재정, 회계, 세무 등). 이런 시스템하에서는 스타들과의 계약 기간 내에 수익을 내기는커녕 적자를 면하기 어려운 상태이다. 회사는 적자를 면하기 위해 비용을 줄이고, 그에 따라 직원들의 처우는 악화되고, 불만이 쌓인 직원들이 몇몇 배우와 다른 회사를 차리는 악순환이 계속되고 있다.

★불공정 계약·노예 계약 연예인은 회사 소유물인가

대표적인 한국 연예 매니지먼트 시스템의 문제점에 대하여 알아보자.

신인 연예인들은 초기 매니지먼트와 다소 불리한 입장의 조건으로 계약을 할 수밖에 없다. 그 이유는 신인을 발굴하여 장기간 트레이닝을 시키는 비용 등이 있기에 회사 입장에서는 수익 배분 및 계약 기간에 있어서 유리한 입장에서 계약을 하고자 하기 때문이다. 계약 기간이 7년이고 소속 연예인이 첫 방송 데뷔를 계약 후 5년 뒤에 했다고 가정하면 실질적으로 회사가 수익을 취할 수 있는 구간은 거의 제로에 가깝다. 즉, 5년간은 지속적으로 연예인의 유지 비용을 지불해야 하고 데뷔 후 인지도가 올라가고 수익이 창출될 때쯤이면 계약이 만료되어 타 회사로 이적하거나 1인 기획사를 차리는 것이다.

따라서 일반적으로 남자 같은 경우 '군복무 기간 제외', '계약 기간의 효력 시작은 첫 방송 데뷔 일자' 등의 항목이 있다. 일반적으로 가수의 경우 7년, 배우의 경우 5년 계약을 많이 하는데 7년 전속 계약을 할 시 남자의 경우에는 군대 기간, 트레이닝 기간 등을 합치면 보통 10~12년을 넘기게 된다. 회사는 초창기에 성공의 보장이 없음에도 불구하고 소속 연습생의 트레이닝 비용을 전액 지불한다. 정식 데뷔하기 전까지 오랜 기간 다양한 교육 프로그램을 제공하고, 트레이닝하는 등 '인큐베이팅' 과정을 거치는 것이다.

이와 같이 연예 매니지먼트 산업은 전형적인 '하이 리스크 하이 리턴(high risk high return)' 비즈니스로, 회사는 스타를 키워 내는 데 있어서 재무적, 시간적 위험 부담에 노출된다. 스타를 만들고 난 뒤에는 투자 비용의 빠른 회수를 위해 연예인에게 살인적인 스케줄을 요구하게 되고, 투자 비용이 회수되기 전까지는 상대적으로 연예인에게 낮은 수익 배분율을 적용하는 것이다.

회사는 연예인에게 시간적으로나 금전적으로 많은 투자를 하기에 상호 간 대등한 비즈니스 관계보다 해당 연예인을 회사가 '소유'한다는 개념이 생긴다. 연예인 입장에서도 초창기 자신의 꿈을 이

스타가
만들어지기까지

루어 주기 위해 물심양면 투자해 주는 회사가 고맙기 때문에 초기에는 계약 조건이 연예인 자신에게 다소 불리하더라도 큰 불만을 가지지 않는다. 하지만 데뷔 후 시간이 지나고 연예인 지망생 신분에서 '스타'라는 지위에 오르고 나면 초기 계약 조건과 본인에게 불리한 상황들 때문에 '노예 계약'이라는 논란이 생기는 것이다.

이러한 부분은 아직도 많은 논란이 있는데, 결국 한국의 경우 연예인의 성장 과정에 있어 개인적인 비용까지 다 지불하는 매니지먼트 시스템과 비즈니스 업무만 대행해 주는 에이전시 시스템이 복합되어 있기 때문이라고 볼 수 있다.

★축구 선수의 이적료와는 다른 개념, 연예인과 소속사의 불합리한 전속 계약금

연예 매니지먼트사는 톱스타를 자사 소속 연예인으로 데려오기 위해 과도한 전속 계약금을 스타에게 지불한다. 연예인에게 지불하는 전속 계약금은 우리가 익히 알고 있는 축구 선수의 이적료와는 다른 개념이다. 축구 선수의 이적료는 구단과 구단 사이에 선수를 사고 파는 과정에서 생기는 '손익 금액'이다. 예를 들어, 레알 마드리드 구단이 맨체스터 유나이티드의 유망한 선수를 100억 원의 이적료를 지불하고 데려왔다고 하자. 3년 뒤, 기량이 향상되어 첼시 구단에 150억 원의 이적료로 다시 이적했다면 레알 마드리드는 3년이라는 기간 동안 단순 이적료만으로 50억 원의 수익을 올리게 된 것이다.

그러나 현재 한국의 연예인 전속 계약금은 회사가 연예인 개인에게 100% 지불하고 소멸되는 비용이며, 해당 연예인이 3년 뒤 또 다른 기획사로 옮길 때 받게 되는 전속 계약금 역시 100% 연예인 개인의 몫이다. 즉, 연예인은 소속사를 옮길 때마다 회사로부터 거액의 전속 계약금을 챙기며, 그때마다 연예 매니지먼트사는 금전적으로 큰 출혈을 피할 수가 없는 구조다. 이는 곧 회사의 수익성을 악화하고 근무하는 스태프들이 열악한 처우를 받게 한다. 그리고 소속되어 있는 신인급 연예인들을 불합리하게 대우할 수밖에 없는 구조가 된다.

★톱스타들의 과도한 수익 배분율 폐해는 콘텐츠의 부실로 이어진다

톱스타가 되면 회사와의 관계가 신인 때와는 많이 달라진다. B 매니지먼트사는 톱스타 A 양과 수익 배분율 1:9(회사:연예인)를 조건으로 계약금 10억 원에 3년 계약을 했다. 물론 차량, 매니저, 스타일리스트, 메이크업·헤어 등의 비용을 매니지먼트사가 지불하는 조건이다. 한 달에 A 양에게 들어가는 비용은 약 1,000만 원이며, 매달 행사가 있다고 가정하면 3년간 비용만 3억 6천만 원이 든다. A

스타가
만들어지기까지

양이 1년 동안 CF로 30억 원을 번다고 가정할 때, 계약 수익 배분 기준(1:9)에 따르면 매니지먼트사는 매년 3억 원씩 3년간 9억 원을 벌 수 있다. 그 외에 기타 수입으로 연간 1억 원씩은 회사 수익으로 인식된다고 가정한다면, 매니지먼트사는 3년 동안 12억 원을 벌 수 있다. 그러나 계약금 10억 원에 3년간 제반 비용 3억 6천만 원을 더하면 매니지먼트사는 톱스타 A 양에게 총 비용 13억 6천만 원을 지출하고 12억 원의 매출을 얻는다. 즉, 1억 6천만 원을 손해 본 것이다.

이러한 여파는 결국 연예인에게 돌아오는데, 스타의 높은 전속 계약금과 불리한 수익 배분율로 인한 회사의 손실은 소속 신인 연예인들과의 불합리한 계약 조건으로 보전을 할 수밖에 없는 것이다. 또한, 이러한 손해를 조금이라도 줄이려고 매니지먼트사는 드라마·영화 제작사에게 소속 연예인의 출연료를 높게 부르는 것이며, 이는 곧 제작 현장에 투입되어야 할 자금이 스타에게 상당 부분 투입되는 것이다. 제작사는 콘텐츠 제작 예산 부족에 시달리게 된다. 이는 콘텐츠의 품질 저하로 이어지며, 결과적으로 대중들에게 외면받는 부실한 콘텐츠의 여파는 스타 본인에게 그대로 돌아온다. 악순환의 연속인 것이다.

★연예 매니지먼트와 제작사의 엄격한 분리가 필요하다

한국의 연예 매니지먼트사는 어느 정도 회사 규모가 커지고 나면 드라마 또는 영화 제작 사업을 겸하려 한다. 이는 앞에서 설명한 바와 같이 연예인 매니지먼트만으로 안정적인 수익을 지속적으로 창출하기는 힘든 구조 때문이다. 하지만 스타 파워를 가지고 있는 매니지먼트사가 콘텐츠 제작을 겸하면 스타의 권력화는 더욱 두드러지고, 산업의 수직 계열화에 따른 부작용이 여기저기서 나타나게 된다.

예를 들어 매니지먼트사에서 드라마를 제작할 때, 기획 단계부터 소속 배우를 위한 작품이 나올 가능성이 높다. 이는 결국 드라마의 내용보다는 출연 배우의 캐릭터에 전체 스토리가 집중됨에 따라 부실한 콘텐츠가 탄생될 소지가 높다. 또한, 이러한 수직 계열화를 하지 못한 영세 매니지먼트사의 배우들은 작품의 출연 기회가 원천적으로 차단되는 부작용도 생긴다. 결국 상위 1%의 소수 스타들에게 작품 출연의 기회와 수익이 집중되면서 기회조차 얻지 못하는 배우의 상대적 박탈감과 스타 배우의 다작 출연에 따른 시청자의 동일 캐릭터에 대한 피로감이 산업의 건전한 성장성을 해친다.

미국의 할리우드는 이러한 폐해를 이미 경험하여 1940년대에 이미 제작과 매니지먼트 업무를 법으로 엄격하게 분리했다. 한국의 경우 아직 엔터테인먼트 산업 규모가 크지 않아 법적으로 제작 겸업을 금지하고 있지 않지만, 점점 산업의 규모가 커지고 글로벌화되

스타가
만들어지기까지

면서 제작과 매니지먼트 분리 필요성이 대두될 것으로 보인다.

★글로벌화에 따른 전문 매니저가 필요한 시대

2000년대 중반 이후 한류가 전 세계적으로 퍼져 나가면서 연예인들의 해외 활동이 국내 활동보다 더욱 큰 비중을 차지하는 시대가 왔다. 하지만 이러한 세계화 흐름에도 일부 대형 매니지먼트사를 제외하고는 비즈니스를 책임지고 있는 연예인 매니저들의 변화가 이루어지지 않는 등 아직 산업 트렌드 변화에 적응하지 못하고 있다. 가수·음반 기획사의 경우, 이미 오래전 글로벌화를 경험하면서 체계적인 프로듀싱 시스템과 가수 육성 시스템이 잘 갖춰졌다. 반면, 배우 매니지먼트 업계는 해외에서 인정받는 배우가 극소수이기도 할뿐더러 이제 막 산업으로서 태동하였기에 이러한 비즈니스를 전체적으로 관장할 수 있는 전문 인력이 부족한 상황이다.

예전에는 배우의 단순 스케줄 관리 등에 그치던 업무가 지금은 해외 사업 검토, 계약, 해외 작품 선정 등 다양하고 전문화된 분야에서의 의사 결정을 요구하고 있다. 이제는 스타를 단순히 관리하는 차원이 아닌 브랜드화하여 마케팅 전략을 짜고 수익을 극대화하는 것이 주된 업무가 되었다. 즉, 현재의 연예 기획사 매니저들에게는 스타의 재능과 개성 등을 세밀히 분석할 수 있는 분석력과 상품의 가치를 높여 시장에서 수익을 극대화하는 전략을 짜고 실행하는 능력이 요구된다.

　체계적인 전문 교육과 실전에서의 경험을 바탕으로 한 매니지먼트를 실행할 수 있는 전문 매니저의 육성이 시급하다. 향후 국내 매니지먼트 업계도 미국의 할리우드처럼 매니저는 연예인의 개인 스케줄 관리와 함께 좀 더 창의적인 작업에 몰두하고, 변호사, 회계사, 홍보 전문가 등으로 구성된 에이전시는 비즈니스적인 부분을 전담하는 체계로 변해 갈 것이다.

스타가
만들어지기까지

7

골드메달리스트
신필순 대표

Interview

10여 년간 국내 대표 배우 매니지먼트 회사인 키이스트 이끌다가 최근엔 한류 배우 김수현과 서예지, 김새론 등이 소속되어 있는 회사 골드메달리스트를 이끌고 있는 신필순 대표를 만났다.

Q 어떤 계기로 회계사에서 엔터테인먼트 회사의 대표가 되었나?

A 2004년, 삼일회계법인에서 근무하던 당시에 현재 재직 중인 ㈜키이스트의 전신이었던 ㈜비오에프의 상장 컨설팅을 맡으면서 엔터테인먼트 회사와 인연을 맺게 되었다.

그 당시 제가 일하고 있는 부서가 Entertainment&Media 전문 팀이어서 여러 엔터테인먼트 회사를 접할 기회가 많았다. 자연스럽게 엔터테인먼트 업계의 상황을 알게 되고, 업계 종사자분들을 만날 기회가 많았다.

향후 엔터테인먼트 산업이 계속 성장할 것이라는 확신과 업계 내에서 나와 같은 인력이 필요한 시점일 것이라는 생각이 들었고, 회계 법인과 사모 펀드에서 근무한 경험을 엔터테인먼트 업계에서 충분히 살릴 수 있다고 생각했다. 회계 법인에서 사모 펀드로 이직한 시점에 현재 재직 중인 회사에서 영입 제의를 받아 이직을 하게 되었다.

처음 이직을 하였을 때는 CFO 포지션으로 시작하였으나, 입사 후 6개월이 지난 후 공동대표이사로 취임하게 되어 2020년 1

스타가
만들어지기까지

월까지 근무하다가 지금은 김수현, 서예지, 김새론 등이 소속되어 있는 '골드메달리스트'라는 신생 연예 기획사의 대표로 일하고 있다.

Q 지난 10여 년간 대한민국을 대표하는 엔터테인먼트 회사를 경영하면서 어떤 점을 느끼나?

A 무엇보다 한류의 새로운 장을 여는 시점에 키이스트가 매우 중요한 역할을 했다는 것에 큰 자부심을 느낀다. 2000년대 초반 배우 배용준 씨가 일본에서 한류 붐을 일으켰고, 10년 후 김수현이 중국에서 한류 붐을 일으키는 데 큰 역할을 했다. 이로 인해 엔터테인먼트 업계가 더욱더 발전했고, 대한민국의 국격을 높이는 데 기여했다고 생각한다.

키이스트는 매니지먼트만 하던 사업 영역을 드라마 및 영화 제작으로 확장하여 종합 엔터테인먼트 회사로 성장하였다. 또한, 일본에서 한류 콘텐츠 유통 사업을 발전시키면서 많은 경험을 할 수 있었다. 개인적으로 한류의 최일선에서 뛰는 기회를 가질 수 있었던 것에 대해 감사하고 있다.

Q 오랜 기간 연예인 매니지먼트 산업에서 일한 입장에서 한국의 매니지먼트 산업이 앞으로 더욱 발전하려면 어떤 부분들이 개선되어야 할까?

A 우리나라의 매니지먼트 산업은 나름의 역사를 거쳐 외국과는 다른 독특한 산업 문화를 지니게 되었다. 간단히 말하자면, 일본은 연예인이 '직원'의 지위와 비슷한 성격이 있고, 미국은 연예인들이 매우 세분화된 전문가들의 도움을 받는다는 측면에서 우리나라의 '토털 매니지먼트 시스템'과는 거리가 있다. 우리나라의 시스템은 연예인들 입장에서는 매우 편리한 시스템이라고 할 수 있다. 그러나 향후 인건비의 상승과 52시간 근무 제도 정착 등의 제도적인 변화에 따라 이 시스템에도 한계가 올 가능성이 있다고 보인다. 개인적으로는 우리나라도 조금 더 세분화된 전문가들이 지원하는 형태로 변화하는 것이 바람직하다고 생각한다.

Q 엔터테인먼트 업계에서 일하려는 후배들에게 한마디 한다면?

A 요즘은 그래도 일하는 환경이나 처우가 예전보다, 그리고 타 산업에 비해 많이 좋아지고 있다. 그러나 여전히 일에 대한 열정과 애정이 반드시 필요한 업계라고 할 수 있다. 따라서 무엇보다 엔터테인먼트 업계에서 일하려면 콘텐츠에 대한 애정이 다른 일반인들보다 훨씬 커야 한다고 생각한다. 콘텐츠를 만들어 내는 과정에서 자신이 기여하고 있다는 점에 대한 자부심이 없다

스타가
만들어지기까지

면 이 업계에서 일하는 것을 그리 추천하지 않는다.

미디어 플랫폼의 환경이 급변하고 있는 지금, 엔터테인먼트 업계는 이 변화와 맞물려서 위기와 기회를 동시에 마주하고 있다. 하지만 엔터테인먼트 산업은 계속 성장할 것으로 예상되므로 일을 할 수 있는 기회는 많아질 것으로 보인다. 산업에 대한 관심과 콘텐츠에 대한 애정을 가진 후배들에게 엔터테인먼트 업계는 타 업계보다 기회가 더 많은 곳일 것이다. 충분히 도전할 가치가 있다.

★할리우드와 다른 점

엔터테인먼트 산업이 오래전부터 발달한 미국은 이미 한국이 겪고 있는 여러 문제점을 보완하고 해결하기 위해 법적, 제도적 장치를 마련하여 지금의 합리적인 시스템으로 발전해 왔다. 한국의 매니지먼트 시스템과 유사한 일본의 경우, 일본 특유의 안정적인 시스템을 구축하여 산업을 영위하고 있다.

한류의 열풍으로 한국의 미디어 콘텐츠, 연예 매니지먼트 산업의 규모가 점차 커지고 있으나, 법·제도의 미비과 시스템의 부족으로 인해 불합리한 문제점이 발생하고 있다. 이는 문화 콘텐츠 제작의 영속성과 대외 수출 '바게닝 파워(bargaining power)'를 약화하는 주요 원인이다.

체계적이고 장기적인 매니지먼트 시스템이 갖추어지지 않으면 배우들의 인기도 일시적일 수밖에 없다. 앞서 보았듯이 한국의 매니지먼트사는 지속적으로 안정적인 수익을 창출할 수 없는 구조로 되어 있다. 미국은 에이전트와 매니저의 업무가 명확하게 구분되어 있어 에이전트가 약 10%의 계약 건당 수수료를 챙겨도 수익을 창출할 수 있는 구조이다. 그러나 한국은 에이전시와 매니지먼트의 중간쯤 위치한 시스템으로, 연예인의 기타 부대 비용을 전액 지불해 준다. 게다가 톱스타의 경우 수익 배분 역시 일방적으로 회사에게 불리한 경우가 많아서 만성 적자에 시달릴 수밖에 없는 구조이다.

게다가 최근에는 연예인들의 인기와 더불어 그들의 헤어·메이크업 담당, 스타일리스트 등도 몸값도 올랐다. 예전에는 대부분 매니지먼트 회사에 소속된 직원으로서 월급을 받았지만, 지금은 건당 계약을 하는 시스템으로 많이 전환되었다. 즉, 매니지먼트 회사 입장에서는 부대 비용 및 인건비가 상승하는 결과가 되었으며, 더욱더 수익을 창출하기 힘든 구조가 되었다.

물론 한국은 매니지먼트와 에이전시 업무가 복합됨에 따라 높은 수준의 연예인 집중 육성 시스템을 갖추고, 연예인 지망생들에게 교육 기회를 제공하고, 회사와 연예인이 높은 친밀감을 갖는 등 긍정적인 부분도 분명히 갖고 있다. 한국처럼 가수의 육성 시스템이 잘 완비되어 상품처럼 찍어 내는 곳도 없다. 연예인 지망생 입장에서는 끼를 가졌고 연예인으로서 기본적인 요건만 갖췄다면 본인의 노력하에 얼마든지 스타가 될 수 있다. 이러한 부분은 분명 한국 연예 매니지먼트 산업의 장점으로 작용한다.

하지만 연예 뉴스를 보면 가끔 소속사와 연예인의 수익 배분 분쟁, 계약 위반 등 다양한 이슈로 서로 간에 문제가 생기는 부정적인 측면도 존재한다. 결국 장점과 단점 중 어느 부분이 현재 산업에서 더욱 크게 작용하느냐 하는 문제인데, 한국의 엔터테인먼트 산업도 국내 시장뿐만 아니라 중국, 일본, 동남아 등 해외 시장까지 그 범위가 확대되면서 높은 전문성이 요구된다. 이에 따라 미국의 합리적인 할리우드 시스템을 적절하게 조합할 때라고 본다.

★스튜디오 시스템에서 에이전시 시스템으로

할리우드는 초기에 스타가 될 재목을 발굴하여 그런 스타를 중심으로 영화 및 드라마 콘텐츠를 기획, 제작하여 흥행의 안전성을 확보하는 스튜디오 중심의 시스템이었다. 제작 주체들인 스튜디오가 연예인을 스튜디오에 전속시키며 콘텐츠를 제작하였고 연예인을 스튜디오의 자산으로 간주했다. 스타의 전속 여부에 따라 작품 기획 단계에서 금융권으로부터 자금을 조달받는 등 스타의 스튜디오 전속 여부는 중요한 요소였다.

하지만 스튜디오에 전속된 연예인만을 가지고 스타 위주의 콘텐츠를 제작하는 것에 한계를 느꼈으며, 1948년 파라마운트의 반독점 사건으로 할리우드의 스튜디오 시스템은 무너지게 되었다. 그 후 연예인들이 제작사로부터 완전히 독립하여 프로젝트별로 계약에 의해 일하는 현재의 에이전시 시스템이 정착하게 되었다.

스타가
만들어지기까지

따라서 스타와 제작사는 프로젝트 건마다 매번 계약을 해야 했고, 그 빈도수가 증가하며 거래의 불확실성에 대한 리스크와 거래 비용이 증가하면서 이러한 거래를 전문으로 대행해 주는 에이전시의 필요성이 대두한 것이다.

★미국 연예 매니지먼트 산업의 특징

미국 연예 매니지먼트 산업의 특징은 첫째로 한국이 선지급 계약금과 전속 계약이라는 형태를 통해 연예인을 회사의 자산으로 간주하는 것과는 달리, 미국의 에이전시는 철저하게 연예인을 고객으로 간주하는 산업적 마인드를 가진다는 것이다.

둘째, 체계적인 분업화가 되어 있다. 스타급 연예인에 해당하는 연예인들은 각 분야의 전문가를 고용하고 팀을 꾸린다. 정확하게는 '고용주(연예인)-피고용자(매니저)'의 형태를 띠게 된다. 일반적으로 이러한 연예 매니지먼트 팀은 개인 매니저, 에이전트, 변호사, 홍보 담당 등으로 구성되며 분업의 형태로 각자의 역할을 담당한다. 캐스팅, 계약, 일정 관리 및 수익 관리까지 전 과정을 책임지는 국내의 연예 매니지먼트 시스템과는 달리 미국의 연예 매니지먼트 시스템은 정확한 역할 분담이 이루어진다.

셋째, 한국은 제작사와 연예인 사이의 계약에서 세부적인 사항까지 철저하게 명시하지 못해 종종 분쟁의 빌미가 되는 반면, 미국의 계약에서는 '모든 사항을 계약서에 명기할 것'이라는 원칙을 지킨다는 것이 특징이다. 그중에서도 연예인의 수익에 대한 것이 가장 중요한 사항인데, 미국은 제작 주체(영화·드라마 스튜디오, 방송국, 광고 제작사)와 연예인 사이의 계약에서 발생하는 금액에서 일정 부분을 수수료로 취하는 구조이다. 수익 분배 방식은 에이전트는 10%, 매니지먼트는 10~15%가 일반적이다.

★에이전시와 매니지먼트사의 차이점

미국은 에이전시와 매니지먼트사가 따로 존재하며 겸업할 수 없으며, 에이전시는 법적으로 제작을 겸업할 수 없게 되어 있고, 매니지먼트사의 매니저는 연예인에게 비즈니스에 대한 조언을 할 수는 있으나 직접 계약 및 협상을 하는 것은 법으로 금지한다. 라이선스를 취득한 에이전시의 에이전트만이 비즈니스 계약을 합법적으로 진행할 수 있다.

즉, 매니저는 자신의 고객인 연예인에게 경력 관리를 위한 자문, 일정 관리, 재산 관리 서비스 등을 담당하며 에이전트는 배우, 작가, 감독, 제작자 등 엔터테인먼트 산업의 다양한 주요 핵심 플레이어들의 취업 연계, 출연료 협상, 해당 고객을 기반으로 한 사업 기획 등 전반적인 비즈니스 업무를 대행한다.

또한, 한국이 회사에서 연예인을 시스템적으로 양성하는 것과

스타가
만들어지기까지

는 달리 연예인 지망생을 대상으로 하는 다양하고 전문화된 교육 기관이 있다. 가수, 배우 등 연예인이 되기 위해서는 모두 자기 부담으로 트레이닝을 받아야 한다. 에이전시는 배우의 작품 계약 등 비즈니스적인 부분을 대행해 주고 통상 계약금의 10%를 수수료로 받는다.

이러한 에이전트는 일정한 자격 요건을 갖추어야 하는 반면, 매니저는 자격의 제한이 없다. 일부 배우의 경우 에이전트 없이 매니저만 두고 직접 출연 작품을 물색하고 계약하기도 한다.

★ 에이전시=헤드헌터=부동산 중개인?

이러한 프로세스의 차이를 쉽게 이해하려면 일반인이 구직 활동을 할 때를 생각하면 된다. 개인적으로 구하는 방법도 있지만 헤드헌터를 통하여 원하는 분야의 회사에 빈자리가 있는지 다양한 정보를 얻고, 자신이 그 자리에 적합한지 헤드헌터가 판단해 취업에 연결해 주는, 일종의 거래라고 보면 된다. 즉, 헤드헌터를 통하여 방대한 구직 정보를 얻을 수 있고, 연봉 협상에 있어서도 개인보다는 유리한 입장에서 이야기할 수 있다는 장점이 있다.

또 다른 예로 부동산 계약할 때를 생각하면 되는데, 본인이 발품을 많이 팔고 직접 매물을 검색해서 집주인과 직접 계약을 진행하는 것과 중개 수수료는 들지만 부동산 중개인을 통하여 좀 더 다양한 매물을 쉽게 찾고 법적으로 안전 장치가 있는 계약을 하는 것의 차이로 보면 될 것이다.

연예인은 에이전시 계약을 맺음으로써 작품을 찾는 데 들어가는 시간과 비용 등을 절약하고 그 노력을 창작 활동에만 전념할 수 있는 장점이 있다. 다만 본인 수익의 일정 부분을 수수료로 지불해야 하는데, 배우는 안전하게 에이전트와 계약을 할지 매니저만 두고 직접 할지를 결정한다. 보통 신인의 경우 매니저만 두고 활동을 하다가 인기를 얻고 다양한 비즈니스 계약이 필요한 시점에 에이전시와 계약을 한다.

에이전트는 연예인의 활동에 있어 최대한의 이익을 연예인에게 제공하는 것이 주된 업무라고 할 수 있으며 나아가서는 연예인과 메이저 스튜디오, 대형 음반사 레이블 등 양측 모두의 이해관계를 합리적인 범위 내에서 만족시키는 거래를 성사시키며 거기서 발생한 수수료를 통해 이익을 창출한다.

이러한 거래를 중개하고 진행하는 에이전시의 에이전트들은 단순히 거래만 중개하는 것이 아니라, 고객인 연예인에 대해 철저하게 분석한 후 시장의 필요에 맞는 작품을 선택하게 해 주고 중장기적인 로드 맵을 제시하며 커리어까지 관리하는 역할을 한다. 따라서 에이전트의 역량에 따라 해당 연예인의 미래 커리어가 결정된다고 해도 과언이 아니다.

★ 할리우드의 블록버스터 영화 대부분은 '패키지 딜'을 통해 탄생한다

에이전시는 단순 연예인의 계약 대행을 해 주는 것이 아니다. 특히, 대형 에이전시의 경우 콘텐츠 제작에 있어서 중요한 역할을 한다. 미국의 에이전시는 배우뿐만 아니라 유명 감독, 작가 등과도 업무 협약을 맺기 때문이다. 영화·드라마 등이 기획될 때, 에이전시의 네트워크와 정보력이 중요한 역할을 한다. 이에 따라 에이전시가 작품 제작에 필요한 인력 구성을 패키지화하여 대형 스튜디오에 역으로 제안하는 것을 '패키지 딜(package deal)'이라고 하는데, 에이전시의 주요 역량 중 하나이다.

에이전시가 콘텐츠 제작을 기획하면, 스튜디오는 투자와 배급을 주로 담당하고 실제 제작은 스튜디오 소속의 제작 부서 또는 독립 제작사에게 외주를 주어 납품 받는 형식이다. 할리우드의 많은 블록버스터 영화가 이러한 에이전시 '패키지 딜(package deal)'에 의해 인력이 구성되어 만들어졌다고 보면 된다.

제작사 입장에서는 감독 선정부터 배우 캐스팅까지 일일이 개별 에이전시와 접촉하여 계약을 진행하는 것보다 시장의 파워 있는 특정 에이전시로부터 패키지 계약을 하는 것이 개별 거래에 수반되는 비용과 시간을 획기적으로 절약할 수 있다는 장점이 있다. 에이전시 입장에서도 배우 한두 명과 계약을 성사하는 것보다 패키지로 다수와 계약하는 것이 수익성이 크다.

따라서 엔터테인먼트 시장에서 얼마나 큰 '패키지 딜(package deal)'을 성사시킬 수 있는지 역량 여부가 에이전시의 명성을 좌우한다.

★ 에이전시와 매니지먼트의 역할

○ 에이전시의 역할

미국의 에이전트는 변호사, 회계사, 유명 MBA 출신 등 전문 지식을 습득한 인재들이 WMA, CAA, UTA, ICM 등 미국 유수의 엔터테인먼트 에이전시에 입사하고 있다. 이들은 입사 후 체계적이고 과학적인 교육하에 육성되는데, 시나리오 및 캐릭터 분석법, 감독, 배우, 작가, 프로듀서 등 각 분야별 캐스팅 방법 등을 다양하게 배우며 본인 고객의 상품성을 높일 수 있는 여러 가지 기법을 습득한다. 보통 에이전시 입사 후 정식 에이전트로 활동하게 되는 사람이 10% 미만이라고 하니, 그 과정이 얼마나 험난하고 많은 노력이 필요한지 알 수 있다.

에이전시는 엔터테인먼트 산업의 모든 정보가 집중되는 곳으로, 연예인은 물론이고 감독, 작가, 투자자 등 시장의 모든 플레이어들의 정보를 수집 관리함에 따라 작품에 대한 객관적인 캐스팅 능력

스타가
만들어지기까지

으로 이들을 통합한 패키지 상품을 구성하여 그 가치를 극대화한다. 이러한 기능은 제작사들이 가장 고민하고 어려워하는 주요 플레이어들(감독, 작가, 배우)의 캐스팅을 한 번에 해결함으로써 시간과 비용을 획기적으로 절약해 준다.

특히 신인들의 경우 본인에게 맞는 좋은 작품에 출연하기 위해서는 능력 있는 에이전트를 만나는 것이 가장 중요하다. 하지만 시장에서 신인들의 경우 스타급 연예인 대비 계약금 자체가 낮으므로 수익성이 떨어지고, 스타급 연예인이 가지고 있는 시장 협상력이 없다. 신인급 배우의 작품 캐스팅을 위해서는 많은 노력과 일종의 투자 비용이 수반되므로 유명한 에이전트들은 신인급 연예인 담당을 꺼린다.

주요 역할은 다음과 같다.

- 계약 협상: 제작사와 연예인 간의 출연 계약 등을 객관적인 정보를 바탕으로 양쪽이 모두 만족할 만한 조건으로 성사시킨다.
- 커리어 관리: 계약되어 있는 연예인 고객들의 장단점을 분석하고, 체계적인 이미지 관리와 미래 진로 관리를 해 주며 연예인으로서 상품성을 극대화하고 연예인으로서 활동 기간을 최대한 연장한다.

○ 매니지먼트의 역할

매니지먼트의 주요 역할은 다음과 같다.

- 스케줄링: 해당 연예인의 모든 대외 활동 스케줄을 관리하며 한
  국 매니지먼트사의 매니저와 마찬가지로 헤어·메이크업 담당,
  스타일리스트 등과 유기적으로 잘 돌아갈 수 있게 관리한다.
- 홍보/이미지 메이킹: 전문 홍보 대행사를 섭외하여 연예인의 현재
  활동에 따른 홍보 전략을 수립하며, 프로모션 등 다양한 홍보
  활동을 기획한다.
- 트레이닝/교육: 연예인의 필요에 따라 특정 교육 과정을 알아보
  고 연결해 준다. 소속 연예인의 발전을 위한 전반적인 업무를
  지원한다.
- 연예인의 개인 재산 관리: 계약 조건에 따라 매니지먼트사는 연예
  인에게 세무, 상속 등 재산 관리에 필요한 다양한 서비스를 제
  공한다.

스타가
만들어지기까지

★프로덕션 중심의 매니지먼트 시스템

일본의 매니지먼트 형태는 미국보다 한국에 가깝다고 할 수 있다. 미국이 에이전트와 매니지먼트 업무의 분업화가 조화롭게 이루어지는 시스템이라면, 일본은 종합적인 하나의 회사 시스템 내에서 각각의 업무 성격별로 전문성을 가지고 분업화가 이루어 지는 시스템이다.

특이한 점은 일본인들의 민족성이나 가치관이 일본 매니지먼트 방식에 고스란히 녹아 있다는 것이다. '종신제', '장인 정신'과 같은 일본인들이 추구하는 사상을 볼 수 있고, 자유로운 소속사 이전을 금기시하는 경향이 있다. 회사와 연예인의 계약 관계에 있어 선지급금 없이 최초에 약속한 배분 비율로 수익을 정산하는 '보합제'와 지속적으로 회사에서 연예인에게 수익을 지급하는 '월급제'가 있다.

★종신 고용 시스템, 노후를 보장받는 일본의 연예인

일본의 엔터테인먼트 시스템은 철저하게 대형 제작사 위주의 시스템이다. 일본에서는 일반적으로 프로덕션 시스템이라고 하는데, 대형 프로덕션은 콘텐츠의 제작부터 연예인 매니지먼트, 육성까지 '올인원(all in one)' 시스템으로 통합되어 있다. 여기까지는 한국의 일반적인 매니지먼트 시스템과 큰 차이점이 없다.

연예인의 트레이닝부터 데뷔 후 수입 관리, 저작권 관리 등 모든 업무를 총괄하기때문에 연예인은 회사의 '종업원'이라는 개념으로 관계가 형성된다. 특이한 점은 연예인은 한 프로덕션에 소속되면 대부분 그 회사에서 연예인 생활을 마감할 때까지 함께하는데, 이는 일본의 일반 회사에도 뿌리 깊게 이어져 오는 종신 고용제의 영향이 크다.

연예인은 일반 직장인들과 같이 연봉제, 호봉제로 월급을 받으며 본인의 활동 빈도와 인기도에 따라 차등이 있으며, 보너스가 지급된다. 수익이 없는 신인급 연예인이라 하더라도 회사에서 일정 금액을 월급으로 지불한다. 생활하는 데 필요한 집세와 아르바이트를 하지 않고 생활할 수 있는 수준의 금액을 지불한다. 대부분의 신인급 연예인은 초기에 생계가 힘든데, 이러한 빈곤한 생활을 방지하고 창작 활동에 몰입할 수 있도록 해 주는 긍정적인 면이 있다. 또한, 매 분기 또는 매년 본인의 활동 성적에 따라 그에 상응하는 대가를 금전적으로 보상해 주는 보너스 제도를 시행하고 있다.

스타가
만들어지기까지

즉, 일반 회사원과 크게 다를 바 없는 월급제 형태이다.

연예인이라는 직업의 특성상 안정성, 지속성 등이 부족하기에 연예인은 언제나 미래에 대한 불안감 속에 살 수밖에 없다. 장단점이 있겠지만 일본의 이러한 월급제 시스템은 연예인으로서의 최고 시기를 지나고 노년이 되어서도 안정적으로 수입을 회사로부터 보장받을 수 있다는 큰 장점이 있다. 즉, 본인이 최고의 인기를 누릴 때 회사에 기여한 만큼의 수익 배분을 못 받는다 하더라도 이러한 일본 특유의 시스템이 있기 때문에 일본의 연예인들 대다수가 만족하고 있다.

★대형 아카데미를 통한 연예인 육성 시스템

신인 육성 방법은 한국과 비슷한데, 자체 오디션을 통해 발굴하거나 자회사인 아카데미를 통하여 집중 육성 후 선발하는 시스템이다. 특히, 일본의 유명 연예 기획사인 요시모토 흥업은 '요시모토 종합예능학교(NSC: New Star Creation)'를 설립하여 각 분야별로 다양한 과정을 개강한다. 연예인을 목표로 하는 많은 학생이 자기 부담으로 학원에 등록하여 수강하고 있다.

일본에서는 프로덕션을 거치지 않고서는 연예인이 되기 힘들다. 한국과 비슷한 구조로, 프로덕션에서 신인 연예인을 발굴하고 자체 아카데미를 통하여 육성해 스타로 만들고 관리하는 체계이다.

방송사에서 콘텐츠 제작 발주를 주면 제작사는 그 발주를 받아서 콘텐츠를 기획·제작하고, 프로덕션은 자사 소속의 연예인들을 출연시키는 구조이다.

한국의 연예 매니지먼트 산업이 나아가야 할 길

★합리적인 '출연료 등급화' 시스템 구축

미국에서는 매년 업계 관계자와 전문가들에 의해 분야별 연예인들의 인기도와 등급을 책정하여 출연료를 산정하는 합리적인 기준을 만들고 있다. 일본 역시 주요 방송국들의 인기도 조사, 출연 드라마의 시청률 조사 등을 통하여 구체적인 등급을 매겨 연예인의 출연료를 지불한다. 미국과 일본의 영화·드라마 제작사들은 작품에 따라 다소 차이는 있겠지만 일반적으로 전체 제작비에서 배우들의 출연료 비율을 30% 이내로 제한하고 있다.

한국도 콘텐츠의 안정적인 제작 시스템 확립과 스타의 과도한 출연료 상승에 따른 콘텐츠 제작 품질의 저하 등 여러 가지 부작용을 방지하기 위해서는 합리적이고 신뢰성 있는 연예인들의 출연료 산정 시스템이 필요하다.

★전속 계약금 폐지&에이전시 시스템 도입

매니지먼트사에 재정적으로 과도한 부담을 주는 연예인 전속 계약금 관행을 폐지해야 한다. 이러한 관행이 없어지면 회사는 중장기적으로 신인 연예인에게 양적, 질적으로 풍부한 투자를 할 수 있는 여력이 생기며, 신인 연예인들에게 적용되는 불합리한 계약 조건도 없어질 것이다. 이는 결국 연예 매니지먼트 생태계의 선순환이 될 것으로 보인다.

또한, 연예인의 제반 경비를 모두 부담하는 구조에서는 매니지먼트사가 지속적인 수익을 창출하기 힘들다. 이러한 문제를 극복하기 위해서는 미국처럼 비즈니스 계약만 전문으로 하며 일정 수수료를 취하는 에이전시와 연예인 개인적 업무를 수행하며 연예인으로부터 일정 수익을 배분받는 매니지먼트 회사로 분리되어야 한다.

★역량 있는 '연예인 매니저' 육성 필요

전 세계적인 한류 열풍으로 가수는 물론 배우들의 해외 진출이 활발해졌다. 이에 따라 해외 진출을 위한 중장기적 로드맵을 수립하고 해외 사업 파트너들과의 계약을 진행할 수 있는 역량 있는 매니저가 필요하다. 또한, 해외 사업이 많아지면서 정체불명의 연예인 매니저를 사칭하는 '브로커'들이 난립하며 사기를 당하거나 계약이 파기되는 경우가 많다. 이는 결국 연예인은 물론이고 한국의 엔터테인먼트 산업 종사자들 전체의 피해로 확산된다.

이런 문제를 보완하기 위해서는 미국처럼 공인된 에이전트 시스템 등을 도입하여 연예인과 매니지먼트사의 투명하고 합리적인 계약, 해외 비즈니스를 적극적으로 수행할 수 있는 역량 있는 연예인 매니저의 육성이 필요하다.

매니저란

★ 매니저의 정의

한국 산업 인력 공단의 직업 분류에 의하면 매니저는 "연예인의 출연 일정 및 출연료 등을 협의하고 계약하는 업무를 대리하는 이"라고 규정되어 있다. 즉, 매니저는 스타(배우/가수)의 커리어를 가이드해 주는 사람이다.

미국에서는 매니저와 에이전트의 업무가 분리되어 있어 철저하게 고객 지향적인 서비스를 제공하며 연예인을 'Client'라고 표현한다. 스타의 개인적인 일정을 관리해 주는 매니저와 출연 섭외, 계약 등 비즈니스적인 부분을 담당하는 에이전트로 구분된다. 한국에서는 스타의 비즈니스 계약 업무뿐만 아니라 일거수일투족 관련 업무를 비롯하여, 단기/장기적 계획에 대한 전문적인 조언 및 개인사 상담을 해 줄 수 있어야 한다.

매니저는 연예인의 업무를 단순히 대행 처리하는 것이 아니라 원하는 것을 이해하고 목적에 잘 도달하도록 방향 제시를 해 줄 수 있어야 한다. 이를 위해 매니저들은 다방면에 조예가 깊어야 하고, 다양한 경험과 지식을 쌓아 가야 하며, 궁극적으로는 단지 한 연

스타가
만들어지기까지

예인의 조언자가 아니라 그들을 이끌 수 있는 리더가 되어야 한다.

★고도의 분석력과 기획력을 필요로 하는 요즘의 매니저

단순히 스케줄 관리를 잘하고 시간을 잘 맞추고 운전을 잘하는 것이 매니저의 전부가 아닌 시대이다.

매니저는 뛰어난 기획력과 팀을 이끄는 리더십, 연예인에게 동기를 부여하는 능력 등을 겸해야 한다. 지금은 해외 사업 검토, 계약, 해외 작품 선정 등 다양하고 전문화된 분야에서 의사 결정을 요구하고 있다. 연예인을 단순히 관리하는 차원에서 브랜드화하여 마케팅 전략을 짜고 수익을 극대화하는 차원으로 업무가 확장되었다. 즉, 현재의 매니저들에게는 연예인의 재능과 개성 등을 세밀히 분석할 수 있는 분석력과 상품의 가치를 높여 시장에서 수익을 극대화하는 전략의 기획과 실행 능력이 요구된다.

규모가 큰 기획사의 경우, 회사 내부에 전략, 마케팅 등의 부서가 있지만 뭐니뭐니해도 연예인을 가장 잘 아는 사람은 24시간을 함께하는 매니저이다. 따라서 매니저는 팔방미인이 되어야 한다.

다재다능하고 박학다식해야 하며, 연예인의 특성과 인성, 성향 등을 분석할 수 있는 사고력이 필요하다. 또한, 연예인의 브랜드화를 위한 기획력을 가지고 업계 관계자들과 업무를 유기적으로 잘 활용하고 조직할 수 있어야 한다. 이와 같은 능력을 바탕으로 거래 상대에게 소속 연예인을 논리적으로 '세일즈'하여 회사가 원하는 작품 또는 프로젝트를 성사시킬 수 있어야 한다. 지속적이고 성공적인 연예인의 활동을 위해 필요한 시장 정보를 항상 업데이트해야 하고, 업계 특성상 난무하는 잘못된 정보를 거를 수 있는 안목도 필요하다.

위에서 열거한 자질 이전에 그 무엇보다 매니저는 연예인과 동반자라는 생각을 가지고 상호 간의 투철한 신뢰를 바탕으로 업무를 수행해야 한다. 여기에는 높은 도덕성과 정직함이 바탕이 되어야 한다.

매니저는 누구보다도 더 배우를 잘 알아야 하며, 배우에게 좋은 매니저가 되기 위해서는 많은 시간이 필요하다. 왜냐하면 배우에게 단순한 지식과 정보를 전달하는 차원이 아닌 이심전심으로 통할 수 있는 사이가 되어야 하기 때문이다. 작품 선정 등에 있어서 서로 깊게 고민하고, 결정하는 데 많은 도움을 줄 수 있어야 한다. 이렇게 서로 간에 신뢰를 쌓고 나서 실전에서 필요한 것은 적합한 시나리오 선별 능력이다. 배우 매니저는 다양한 영화와 드라마 등 작품을 보고 배우에게 적합한 시나리오를 찾아내는 능력이 필수적인데, 이렇게 선택된 작품에 의해 배우의 흥망성쇠가 결정된다고 해도 과언이 아니기 때문이다. 영화든, 드라마든, CF든 상관없이 불가능한 상황을 종합하고 불필요한 요소를 제거해 융통성 있게 배우의 입장과 제작사·광고주의 입장을 반영해서 프로젝트를 가능하게 만들어야 한다.

지금까지는 매니저와 연예인이 정으로 일을 하는 관계였다. 최근에는 연예인 입장에서 자신에게 좋은 일감을 많이 가져다주는 매니저를 선호하는 경향이 뚜렷해지고 있다. 일반인들이 듣기엔 당연한 이야기인 것 같지만, 사실 지금까지는 정에 의해 서로 일을 맡겨왔던 것이 사실이다.

하지만 갈수록 시장은 터프해지고 연예인들간의 경쟁도 치열해지며, 활발하게 일을 할 수 있는 주기도 짧아진다. 그러면서 연예인은 최대한 본인에게 좋은 작품의 선정, 출연료가 높고 이미지가 좋은 광고 계약, 인지도를 높일 수 있는 예능 프로그램 출연 등의 일거리를 가져올 수 있는 능력 있는 매니저를 선호하게 되었다.

이러한 트렌드는 향후 미국식의 에이전트 시스템으로 발전하게 될 가능성이 있다. 따라서 이제 매니저의 역량은 좀 더 전문화, 세분화되어야 하고, 매니저가 비즈니스적인 마인드도 갖춰야 하는 시대가 왔다.

★매니저 구분

매니저는 기획사의 규모에 따라 분담 역할이 달라지는데 크게 이사급 매니저, 실장, 스케줄 매니저, 로드 매니저로 나뉜다.

🟣 이사, 임원급

보통 가수 기획사의 경우 이사급은 소속 가수가 음반을 낼 때 콘셉트 기획, 작곡가 섭외 등 제작을 총괄함에 따라 음반 프로듀서로도 이름을 남긴다. 또한, 기타 방송 출연 여부 결정, 광고 섭외, 공연 등 굵직굵직한 것들을 계획한다.

🟣 실장

실무 매니저 중 최상급의 위치이다. 보통 5~7년차 정도면 실장의 직위를 가지며, 이사급 매니저와 같이 방송국에 다니며 소속 연예인의 홍보와 영업 등을 주로 담당한다. 방송 또는 공연 현장에서 실질적인 진행을 책임지며, 기타 스태프들을 관리·지휘하는 위치이다. 회사 매출에도 신경 써야 할 위치이며, 다양한 대외 업무와 외부 미팅 등 비즈니스 업무로 바빠지는 단계이다.

🟣 스케줄 매니저

실장 밑에 있는 매니저로, 소속 연예인의 일간 스케줄을 책임지는 자리이다. 보통 막내 로드 매니저와 같이 차를 타고 이동하며 연예인의 스케줄을 실질적으로 관리하고, 스케줄에 차질이 없도록 진행한다. 지방 일정의 경우, 막내 로드 매니저와 번갈아 가며 운전도 하고 현장에서 많은 일을 한다. 톱스타를 담당하는 스케줄 매니저의 경우, 여기저기서 밀려오는 출연, 공연 요청 등이 많아 한정된 시간 내에 효율적으로 다양한 스케줄을 소화하게끔 적절하게 시간 배분을 하는 것이 스케줄 매니저의 역량이다.

로드 매니저

말 그대로 도로를 책임지는 역할이다. 운전, 운전 또 운전을 한다. 로드 매니저의 최대 덕목 중 하나가 불가능해 보이는 스케줄 시간을 안전하고도 빠른 운전 솜씨로 소화해 내는 것이라고 할 정도로 막내 매니저에게 운전 실력은 필수적이다. 그리고 기타 본인이 담당하고 있는 연예인의 잡다한 요구 사항 등을 처리해 주는 역할을 한다. 이 부분이 가장 힘들다면 힘들 수도 있는 업무 중의 하나인데, 공적인 것과 사적인 것을 잘 구별하는 연예인이 있는 반면, 공과 사의 경계선이 모호한 연예인들의 경우 막내 로드 매니저의 과중한 업무 로드는 피할 수 없는 현실이다.

★ 직업으로서 매니저의 매력

매니저의 직업적 매력으로는 다양한 요소가 있겠지만, 일반인들이 알고 있다시피 스타들을 옆에서 직접 볼 수 있다는 점을 들 수 있겠다. 많은 이가 엔터테인먼트 산업 종사를 지망하는 이유이기도 하다. 하지만 이러한 환상은 실제 업무에 투입되고 나면 얼마 지나지 않아 깨진다. 과도한 업무량과 연예인과의 사이에서 오는 인간관계 스트레스 등 일반 직장인들은 겪지 않는 다소 특이한 스트레스를 경험하게 된다.

실제로 성공한 매니저들을 보면 직업으로서 매니저의 진정한 매력은 본인이 담당하고 있는 배우·가수의 성장을 직접 도와주고 로드맵을 그리며 같이 커 나가는 것에서 찾을 수 있다.

본인이 직접 캐스팅하고 트레이닝시킨 연예인이 무대에 서서 대중들의 열광을 받는 모습, 직접 방송국과 영화사를 뛰어다니며 소속 연예인의 캐스팅을 성공시키고 그 작품이 대중들의 큰 찬사를 받고 극 중 배역을 맡은 배우가 사랑을 받는 모습을 볼 때 매니저들은 희열을 느끼고 보람을 찾는다.

Interview

8

iHQ
김상영 본부장

배우 매니지먼트 업계에서 20년 넘게 일한, 맏형 격인 매니저 업계의 산증인 iHQ의 김상영 본부장을 모시고 인터뷰를 했다.

Q 매니지먼트 업계에 처음 들어온 건 언제이고 총 경력은 어떻게 되나?

A 25년 이상 된다.

Q 어떤 계기로 매니저 일을 시작하게 되었나?

A 광고 회사에서 근무하던 중 이후 발전할 업계가 엔터테인먼트라는 비전을 가지고 시작하게 되었다.

Q 일하면서 다양한 에피소드가 있었을 텐데 그중 가장 기억에 남는 것 또는 보람을 느꼈던 일은 무엇인가?

A 신인 배우들과 일을 하는 경우가 많았다. 꿈과 재능과 젊음만 있었던 신인이 대스타로 또 대배우로 성장하는 과정에 함께 일조하였다는 것이 가장 큰 보람이다.

Q 오랜 기간 연예인 매니지먼트 산업에서 일한 입장에서 한국의 매니지먼트 산업이 앞으로 더욱 발전하려면 어떤 부분들이 개선되어야 할까?

A 아무래도 엔터테인먼트 산업은 희소성과 잠재력에 이끌려 성장

스타가
만들어지기까지

하기도 하지만 요동치기도 한다. 장기적으로 건강하게 성장하기 위해서는 각 일하는 파트와 시스템들이 안정적으로 자리 잡아야 한다. 공격적인 스카우트 경쟁과 한시적인 과잉 투자는 장기적으로는 엔터 산업에 꼭 좋은 영향만을 끼친다고 생각하지 않는다.

Q 좋은 매니저란 어떤 성품과 자질을 갖추어야 한다고 생각하나?

A 내가 맡은 아티스트의 성공과 인생이 나에게 기쁨과 보람이 될 수 있는 뜨거운 가슴과 어떠한 상황에서도 그들의 문제와 인생을 객관적으로 봐 줄 수 있는 냉정하고 차가운 머리가 공존하는 사람이어야 한다.

Q 매니저를 목표로 하는 후배 매니저들에게 꼭 해 주고 싶은 말 3가지가 있다면?

A 생각보다 자신을 많이 내어 주어야 하는 직업이다. 단순히 자신의 성공이나 돈이 목적이라면 더 효율적인 직업이 많다. 시작한다면 노력이나 헌신을 자부심으로 느끼며 나아가야 한다.
손발에 흙을 묻히고 퇴비를 묻히는 농사는 하루아침에 열매를 재배하지 않는다. 하다못해 사람을 성장시키는 일은 더 많은 시간과 인내와 애정이 필요하다.

연예 산업 직군

★ 프런트 오피스(Front Office)

 매니저

최전방에서 담당 연예인들의 스케줄 관리, 세일즈, 계약 등의 업무를 하는 연예 기획사의 꽃이다. 로드 매니저는 하루 일과의 대부분을 연예인과 동행하며 여러 가지 상황들을 체크하며 실장 및 이사에게 주요 사항에 대해 보고·공유한다.

실장·이사는 담당 연예인의 이미지 관리, 작품 선정, 방송 출연, 광고 계약 등 실제 비즈니스 관련 업무를 전담한다. 즉, 연예인의 수익과 연결되는 모든 업무를 수행한다고 보면 될 것이다.

회사의 대표는 회사 전체를 경영하며 소속 연예인들의 개인사까지 모두 돌보며, 연예인들이 계약 기간 동안 최대한 좋은 환경에서 일을 해 나갈 수 있도록 돕는다.

스타일리스트/코디, 헤어/메이크업

연예인의 의상, 콘셉트, 헤어, 메이크업 등 치장하는 모든 것을 담당한다. 출연 프로그램의 성격에 따라 적절하게 준비하며 영화,

스타가
만들어지기까지

드라마, 공연 등 각 상황별로 수시로 의상을 바꿔 입히고 메이크업, 헤어스타일 등을 수정하는 등 꽤나 터프하고 체력적으로 부치는 업무이다. 실제로 연예인들과 가장 가까이 일하는 직종이라 담당 연예인과의 궁합도 꽤나 중요하다.

백댄서

가수의 경우 공연이 있을 때 전문 백댄서들이 동행한다. 보통 가수의 활동 기간 동안 계약을 맺어서 움직이는 경우가 많으며, 가수나 아이돌 그룹이 신곡이 나와서 활동하는 해당 기간 동안 콘서트 등 대부분의 공연에 동참한다.

★미들 오피스(Middle Office)

A/R, 음반 프로듀서

Artist&Repatori의 약자로 가수의 콘셉트 결정부터 무대에 오르기까지의 전반적인 과정을 책임진다. 국내에서는 프로듀서의 개념과 같이 쓰이기도 하지만 엄연히 다른 영역이다. 프로듀서는 실제 곡을 만들고, 음원 프로듀싱에 주 역량이 투입되는 분야이고, A&R은 가수의 콘셉트 결정, 곡 수급, 마케팅 홍보 활동 등 가수가 탄생하기까지의 전반적인 과정을 책임지는 포지션으로 가수와 신곡 탄생에 있어서 매우 중요한 위치이다.

★백 오피스(Back Office)

 마케팅 담당

가수의 데뷔곡이 결정되고 주요 활동이 들어가기 전부터 해당 콘셉트에 맞게 온·오프라인 마케팅 전략을 수립하여 실행한다. 최근 연예 기획사의 마케팅 트렌드는 오디션 과정부터 대외 노출을 통해 인지도를 확보함과 동시에 시장성을 확인하고 콘셉트를 기획, 수정하는 것이다. 마케팅 방식은 방송 미디어, 콘텐츠 제작사, 소셜 미디어 등 다양한 채널과 마케팅 제휴를 통하여 전방위적으로 진행하는 것이 트렌드이다. 대형 기획사의 경우, 특정 방송 채널과 전략적 제휴를 맺어 데뷔 전부터 방송채널을 통해 자사의 아티스트를 적극적으로 홍보하고 있으며 공연장, 클럽 등 다양한 필드에서 적극적인 마케팅을 하는 것이 트렌드이다. 마케팅은 크게 두 가지로 나뉘는데, 방금까지 말한 부분이 일반 마케팅 활동이고 두 번째로 주요한 마케팅 활동이 바로 매니지먼트 활동이다.

매니지먼트 활동이란, 해당 연예인 담당 매니저가 방송사 PD, 언론사 연예부 기자 등을 대상으로 영업 활동을 하는 것을 지칭한

스타가
만들어지기까지

다. 가수의 신곡이나 배우의 새로운 드라마, 영화 작품이 나올 때 지상파에서 시청률이 높은 예능 프로그램에 해당 연예인을 적극적으로 출연시키는 활동 등을 말한다. 한동안 소식이 뜸하던 연예인이 갑자기 대중적인 예능 프로그램에 출연하는 것에는 바로 이러한 배경이 있다.

예능 프로그램 출연을 극도로 꺼리거나 싫어하는 가수, 배우가 종종 있는데, 이것은 지극히 개인적인 성향이므로 회사에서 강요할 수는 없다. 그래서 일반적으로 배우의 경우에는 영화 또는 드라마 제작사와 출연 계약을 할 때 홍보 관련 활동에 대하여 별도로 '예능 프로그램 몇 회 출연', '홍보 행사 몇 회 출연' 등의 사항을 조율하여 계약한다.

가수는 본인의 매니지먼트사가 동시에 음반 제작사이기도 해서 이러한 별도 계약은 없으며 대부분 관례로 생각하고 홍보 활동에 적극적으로 임한다.

Interview

9

개그우먼
홍현희

최근 다양한 예능 프로그램에서 사람들에게 많은 웃음을 주며 종횡무진 활약하고 있는 개그우먼 홍현희를 만나 보았다.

Q 개그우먼이 된 동기는 무엇인가?

A 많은 사람이 자신의 직업을 선택할 때 생각하는 부분이겠지만 나 역시 그랬던 것 같다. '가장 잘할 수 있는 것이 뭘까?', '가장 자신 있는 일이 뭘까?'라고 생각했을 때 사람들을 웃게 만드는 일이라는 생각이 들었다. 그래서 개그우먼이 되기로 결심하게 되었다.

Q 데뷔 전이나 무명·연습생 시절 가장 힘들었던 부분은 무엇인가?

A 나는 원래 일반 직장 생활을 했다. 그런데 직장 생활을 하면서 받던 안정된 수입이 있다가, 없으니 금전적으로 불안정한 상태가 되었다. 이 부분이 가장 현실적으로 힘들었다. 그리고 막연히 상상하던 개그맨, 연예인에 대한 생각이 막상 현실로 다가오니 매우 다르다는 것을 알았을 때, 우리가 일반적으로 말하는 '현타'가 왔다.

스타가
만들어지기까지

Q 데뷔 전이나 무명·연습생 시절 가장 기억에 남는 경험이나 생각은 무엇인가?

A 안정적인 제약 회사를 그만두고 개그맨의 꿈을 이룬 것도 잠시, 여러 가지 이유로 개그맨이란 직업을 그만두고 제약 회사에 재입사했다. 그때가 인생에서 가장 우울했던 시기였다. 꿈을 포기하고 돌아왔다는 자책감, 주변의 시선 등이 정말 힘들었다. 왜 그런 거 있지 않나. '거봐라, 연예인 한다고 까불면서 나가더니 다시 돌아왔네?'라는 그런 시선들…. 하루하루 주체적으로 살아가는 게 아니라 그냥 하루하루를 흘려보내는 느낌이었다고 할까…. 정말 힘든 시기였다.

Q 데뷔 전이나 무명·연습생에서 개그우먼이 되고 난 뒤, 가장 크게 달라진 점은 무엇인가?

A 음, 여러 가지 달라진 점이 많지만 우선 가장 큰 점은 부모님의 반대가 사라지고 오히려 적극적인 지지와 응원을 받고 있다는 것이다. 그 누구보다도 가족의 응원을 받을 수 있다는 건 가장 행복한 것 같다.

Q 실제로 연예인 생활을 하면서 가장 좋은 점과 안 좋은 점은 무엇인가?

A 나에게는 가장 좋고 나쁜 것이 없는 것 같다.

되려 나에게는 좋은 게 더 많은 것 같은데, 홍현희를 더 많이 알수록 나의 가장 큰 장점인 친근함으로 사람들에게 다가갈 수 있는 부분이 많아져서 기쁘다. 내가 원하던 일, 사람들에게 웃음을 줄 수 있게 되었다는 것이 가장 좋은 것 같다.

Q 개그우먼을 준비하는 후배들에게 가장 해 주고 싶은 말 3가지가 있다면?

A 첫째, 용기(와)

둘째, 행복(은)

셋째, 저축(되지 않는다.)

Q 다시 태어나도 이 길을 갈 것인가?

A 인생이 두 번 주어졌다면 개그맨을 포기했을 때 다시 도전하지 않았을 것 같다. 너무나 힘들었고, '다시 이룰 수 있을까?'라는 생각도 있다. 그런데 그때의 기억은 정말 좋다. 단 한 번뿐인 인생에서 후회 없이 내가 가장 잘할 수 있고 가장 하고픈 것에 도전하고 결과를 이뤘을 때 그 성취감은 이루 말할 수 없다. 그 누가 뭐라 해도 나는 정말로 만족하고 행복했으니까. 그 결과는 남의 기준이 아닌 나의 기준이다. (웃음)

스타가
만들어지기까지

책을 마치면서

아마 이 책을 읽는 연예인 지망생들은 "연예인 아무나 하는 거 아니야." "성공하는 연예인은 정말 극소수이고 하늘의 별따기보다 더 힘들어." 등 주위에서 부정적인 이야기를 많이 들었을 것이다. 어느 누구도 흔쾌히 "그래, 한번 해 봐. 어렵지 않아. 쉽게 될 거야."라고 하는 이는 없을 것이다.

그만큼 스타가 된다는 것은 정말 극소수의, 일부에게만 해당되는 일이다. 그렇다고 꿈을 포기하거나 잃어버려서는 안 된다. 왜냐하면 이 글을 읽고 있는 여러분이 가까운 미래에 바로 그 스타가 될 수도 있기 때문이다.

특히 연예인이라는 직업에 대해서, 그리고 연예계에 종사하는 직종에 대하여 부정적인 의견을 제시하는 사람도 많을 것이다. 비단 연예인이라는 직업만이 아니라 어느 직업이든 소수의 사람이 크게 성공하고 대부분의 사람은 자신의 직종에서 평범하게 살아간다. 그리고 어느 직종이든 밝은 면과 어두운 면이 존재하며, 우리는 어두운 면을 인지하되 밝은 면을 바라보며 한 걸음 한 걸음 꿈을 향해 앞으로 나아가야 한다.

적어도 이 책을 읽는 독자라면 더욱이 꿈을 향해 박차를 가하고 최선을 다해서 각자의 꿈을 이루기 바란다.
간절히 원하고 스스로에 대한 강한 믿음을 가지며 그 믿음에 걸맞는 노력을 한다면 꿈은 이루어진다.

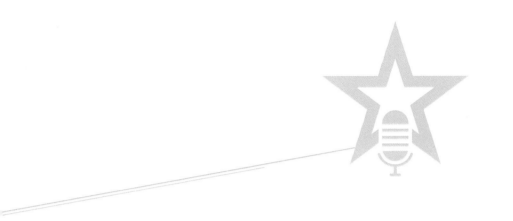

부록

1. 당신을 사랑하게 만들어라

연예인의 궁극적인 목표는 많은 대중으로부터 사랑을 받는 것이다. 따라서 제일 가까운 매니저, 회사 스태프가 당신을 사랑하게 만들어라. 당신과 가장 가까운 매니저, 회사 스태프들이 당신을 사랑하지 않는다면 어떻게 수많은 대중으로부터 사랑을 받겠는가?

Ⓐ 밝고 크게 인사하라. 크게 웃으면서 인사하는 것을 싫어하는 사람은 아무도 없다. 회사에서든 촬영 현장에서든 언제나 크고 밝게 인사하고 먼저 다가가라. 당신은 연예인이기 때문에 일반 사람들이 먼저 다가가기 쉽지 않고(유명할수록), 따라서 본인이 먼저 다가가지 않으면 어느 순간 사람들과 멀리 동떨어진 자신을 발견할 것이다. 그리고 사람들은 당신의 됨됨이에 대해 오해하고 뒷이야기를 하게 된다.

Ⓑ 배려하라. 연예인은 어느 자리에 가나 대접을 받고 주위 사람들로부터 응원을 받는 직업이다. 어느 순간 그런 것에 익숙해지면 당연한 듯이 받게만 된다. 먼저 배려하라. 당신이 상대방을 먼저 배려하는 순간 당신의 태도는 더욱더 빛난다.

2. 기본적인 매너와 예의는 상식선에서 당연히 갖추어라

당신은 연예인이기 전에 이 사회의 구성원 중 한 사람이다. 가끔 '나는 배우니까, 아티스트니까.'라고 생각하며 몰상식하고, 매너 없는 행동을 보이는 경우가 있는데, 잘못된 생각이다. 인간이 살아가는 이 사회의 구성원으로서 기본적인 예의와 매너는 반드시 지켜야 한다.

3. 연예인(가수, 배우, 예능인)이 되고 싶은 이유를
끊임없이 질문하고 고민하라

어느 순간 정체성을 잃고 엉뚱한 길로 걸어가고 있는 자신을 발견하게 될 것이다. 이러한 고민은 스스로 다잡을 수 있는 기회이다.

4. 언제나 감사하라

당신이 지금 이렇게 좋아하는 일을 할 수 있게 되었음에, 수많은 주위 사람이 당신을 더욱더 빛나게 하기 위해 땀 흘리고 있음에 감사하고 또 감사하라. 당신 주위에 그런 사람들이 없다면 지금의 당신도 없었을 것이며, 그 감사함을 잊는다면 지금 당신의 그 영광도 잊힐 것이다.

대중문화예술분야 연습생 표준계약서

2019년 9월 29일 제정

[대중문화예술기획업자]　　　(이하 '기획업자' 라 한다)[와, 과]

[연습생]　　　　(이하 '연습생' 이라 한다)[는, 은]

다음과 같이 연습생 계약을 체결함에 있어 상호 신의성실로써 이를 이행한다.

제1장 총 칙

제1조 (목적 및 정의)

① 이 계약의 목적은 기획업자와 연습생이 상호 발전을 위해 적극적으로 협력하는 것을 전제로, 기획업자는 연습생의 재능과 자질이 최대한 발휘될 수 있도록 훈련제공 등의 투자를 하며, 연습생은 기획업자가 제공하는 훈련 등에 충실히 임하고 자기개발을 위해 노력함으로써 상호 발전과 이익을 도모하는 데 있다.

② 이 계약에서 "연습생"이란 대중문화예술용역을 제공할 의사를 가지고 대중문화예술인의 직업수행에 필요한 능력의 습득·향상을 목적으로 하는 훈련을 제공받기 위하여 기획업자와 계약을 체결하는 사람을 말한다.

스타가
만들어지기까지

제2조 (계약기간)

① 이 계약의 계약기간은

　　　＿＿＿년 ＿＿＿월 ＿＿＿일부터 ＿＿＿년 ＿＿＿월＿＿＿일까지

　　　(＿＿＿년 ＿＿＿개월)로 한다.

② 제1항에 따른 계약기간은 3년을 초과할 수 없다.

③ 이 계약의 적용 범위는 대한민국을 포함한 전 세계 지역으로 한다.

제3조 (기획업자의 권한 및 의무)

① 기획업자는 연습생이 대중문화예술인으로 성장하는 데 필요한 훈련
(예를 들어, 연기, 보컬, 안무 등을 말하며, 이하 '훈련활동'이라 한다)을 연습
생에게 제공하며, 이 계약에 따른 연습생의 의무를 성실히 이행할 것
을 연습생에게 요청할 수 있다.

② 기획업자는 이 계약에 따른 연습생의 의무 이외에 연습생의 사생활이
나 인격권을 침해하거나 침해할 우려가 있는 행위를 요구하여서는 아
니 되며, 부당한 금품을 요구하여서도 아니 된다.

③ 기획업자는 이 계약에 따른 연습생의 훈련활동을 제3자가 침해하거
나 방해하는 경우 그 침해나 방해를 배제하기 위해 필요한 조치를
취하여야 한다.

④ 기획업자는 연습생에게 극도의 우울증세 등이 발견될 경우, 연습생
의 동의하에 적절한 치료 등을 지원할 수 있다.

⑤ 기획업자는 연습생의 사전 서면동의를 얻은 후 이 계약상 권리 또는 지위의 전부 또는 일부를 제3자에게 양도할 수 있다.

제4조 (연습생의 권한 및 의무)

① 연습생은 기획업자가 제공하는 훈련활동에 충실히 임해야 하며, 훈련활동 관련 일 등의 제반 사항을 준수하여야 한다.

② 연습생은 계약기간 중 기획업자의 사전 동의 없이 제3자와 이 계약과 동일하거나 유사한 계약 또는 대중문화예술과 관련된 계약(대중문화예술용역 제공계약, 대중문화예술용역 제공의 알선계약 및 전속계약)을 체결하는 등 이 계약을 부당하게 파기 또는 침해하는 행위를 하여서는 아니 된다.

③ 연습생은 법적으로 또는 사회상규상 금지되는 행위(예를 들어 마약류의 복용·판매, 성범죄, 폭행, 도박, 음주운전 등)를 하여서는 아니 된다.

④ 연습생은 기획업자에게 언제든지 자신의 의견을 제시할 수 있고, 이 계약에 따른 기획업자의 의무를 성실히 이행할 것을 기획업자에게 요청할 수 있다.

⑤ 연습생은 기획업자가 제3조 제2항의 규정에도 불구하고 부당한 요구를 하는 경우에는 이를 거부할 수 있다.

제5조 (훈련활동 비용의 관리)

① 기획업자는 연습생의 훈련활동에 소요된 직접비용(이하 '훈련활동직접
비'라 한다)을 연습생별로 분리하여 계상·관리하고 회계장부를 따로
작성하여야 한다.

② 훈련활동직접비의 범위는 기획업자와 연습생이 상호 협의하여 정한
다. 단, 훈련활동직접비에는 기획업자의 경영활동을 위한 비용을 포
함할 수 없다.

③ 2인 이상의 연습생에게 동시에 투자된 비용의 경우(예를 들어 단체훈련
등), 연습생별로 균등 배분하여 적용하는 것을 원칙으로 하되, 해당
연습생의 동의를 받아서 달리 적용할 수 있다.

④ 기획업자는 연습생에게 훈련활동직접비 회계내역을 연 2회(_____월,
_____월) 통보하여야 한다.

⑤ 기획업자는 연습생의 요구가 있는 경우에는 제4항에도 불구하고 훈련
활동직접비 회계내역을 지체 없이 연습생에게 제공하여야 한다.

⑥ 기획업자는 연습생의 훈련활동에 소요되는 모든 비용을 원칙적으로
부담한다. 다만, 기획업자와 연습생이 전속계약을 체결하게 되는 경
우 연습생의 대중문화예술용역 제공에 따른 수익에서 훈련활동직접
비를 공제할 수 있다. 이 경우 공제여부 및 방법은 기획업자와 연습생
이 별도로 협의하여 정한다.

제6조 (계약 내용의 변경) 이 계약 내용 중 일부를 변경할 필요가 있는 경우에는 기획업자와 연습생의 서면 합의에 의하여 변경할 수 있으며, 그 서면 합의에서 달리 정함이 없는 한, 변경된 사항은 그다음 날부터 효력을 가진다.

제7조 (계약의 해제 또는 해지)

① 기획업자 또는 연습생이 고의 또는 과실로 이 계약상의 내용을 위반한 경우, 그 상대방은 위반자에 대하여 14일간의 유예 기간을 정하여 위반 사항을 시정할 것을 요구하고, 그 기간 내에 위반 사항이 시정되지 아니하는 경우에 상대방은 계약을 해제 또는 해지할 수 있다.

② 연습생이 중대한 질병에 걸리거나 상해를 당하는 등 부득이하게 이 계약 내용을 계속하여 이행하기 어려운 경우 이 계약은 종료된다. 다만, 연습생이 계약의 종료를 목적으로 앞의 사정을 초래한 경우에는 그러하지 아니하다.

③ 기획업자는 계약기간 중 연습생의 성장가능성에 대한 평가를 통해 연습생이 대중문화예술인으로서 성장가능성이 낮다고 판단되는 경우, 이 계약을 해지할 수 있다. 다만, 이 경우 기획업자는 연습생의 성장가능성에 관한 평가 결과 등 합리적인 근거를 제시하여야 한다.

④ 기획업자 또는 기획업자 소속 임직원(임원은 등기임원을 말하며 직원은 고용 형태를 불문한다)이 연습생에 대하여 성폭력을 행사한 경우, 연습

스타가
만들어지기까지

생은 계약을 해지할 수 있다.

⑤ 계약 해지일 현재 이미 발생한 당사자들의 권리·의무는 이 계약의 해지로 인하여 영향을 받지 않는다.

제8조 (계약해제·해지에 따른 손해배상의 청구 등)

① 기획업자 또는 연습생이 제7조에 따라 계약을 해제 또는 해지하는 경우, 상대방에게 손해배상을 청구할 수 있다.

② 연습생의 책임 있는 사유에 의하여 계약이 해제 또는 해지된 경우 기획업자에게 발생한 손해는 훈련활동직접비로 추정한다.

③ 기획업자가 계약 내용에 따른 자신의 의무를 충실히 이행하고 있음에도 불구하고 연습생이 제4조 제2항의 계약 체결을 위해 계약상의 내용을 고의로 위반한 경우, 기획업자는 손해배상과 별도로 연습생에게 위약벌을 청구할 수 있다. 이 경우 위약벌은 훈련활동직접비의 50%를 넘지 못한다.

④ 제7조 제2항 본문, 제3항 또는 제4항에 따라 계약이 종료 또는 해지되는 경우, 연습생은 손해배상 의무 등을 지지 않는다.

⑤ 기획업자 또는 연습생이 이 계약에 따른 손해배상금 및 위약벌을 부담하는 경우, 상당한 기간 내에 상대방에게 이를 지급하여야 한다.

제9조 (전속계약 체결 등)

① 기획업자는 이 계약의 종료 1개월 전까지 재계약 또는 전속계약의 체결 여부 등을 연습생에게 통보하여야 한다.

② 기획업자가 제1항에 따른 통보를 하지 않는 경우에는 이 계약의 기간 만료 시 계약을 종료하는 의사 표시를 한 것으로 본다.

③ 기획업자와 연습생이 이 계약의 종료 전에 전속계약을 체결한 경우, 특별한 사정이 없는 한 이 계약은 종료된 것으로 본다.

제10조 (비밀유지) 기획업자와 연습생은 이 계약의 내용 및 이 계약과 관련하여 알게 된 상대방의 업무상의 비밀을 제3자에게 누설하거나 부당한 목적으로 사용하여서는 아니 된다. 이 비밀유지의무는 계약기간 종료 후에도 유지된다.

제11조 (확인 및 보증) 기획업자는 연습생에 대하여「대중문화예술산업발전법」에 따라 대중문화예술기획업자로 등록한 것을 확인하고 보증한다.

등록번호: _____

제12조 (분쟁해결)

① 이 계약에서 발생하는 모든 분쟁은 기획업자와 연습생이 자율적으로 해결하도록 노력한다.

스타가
만들어지기까지

② 제1항에 따라 해결되지 않을 때는 「콘텐츠산업 진흥법」에 따른 콘텐츠분쟁조정위원회에 분쟁조정을 신청할 수 있다. 이 경우, 기획업자와 연습생은 조정절차에 성실하게 임하며, 원활한 분쟁해결을 위해 노력한다.

③ 기획업자와 연습생이 제2항에 따른 조정을 신청하지 아니하는 경우, 이 계약에 관한 분쟁의 해결은 통상의 민사절차에 의하며, 관할은 민사소송법에 따른다.

제13조 (부속 합의)

① 기획업자와 연습생은 이 계약의 내용을 보충하거나, 이 계약에서 정하지 아니한 사항을 규정하기 위하여 부속합의서를 작성할 수 있다.

② 연습생이 청소년인 경우, 기획업자와 연습생은 문화체육관광부 장관이 정하여 고시한 「청소년 대중문화예술인(또는 연습생) 표준 부속합의서」를 체결하여야 한다.

③ 제6조에 따른 계약 내용 변경 및 제1항에 따른 부속 합의는 이 계약의 내용과 배치되거나 위반하지 않는 범위에서 효력이 있다. 단, 제2항의 부속합의서는 이 계약보다 우선하여 적용된다.

이 계약의 성립 및 내용을 증명하기 위하여 계약서 2부를 작성하고, 기획업자와 연습생이 서명 날인 후 각 1부씩 보관한다.

계약체결 일시 :   년   월   일

계약체결 장소 :

대중문화예술기획업자

주소 :

회사명 :

대표자 :   인

연습생

주소 :

생년월일 :

성 명(실명) :   인

연습생의 법정대리인

연습생과의 관계 :

주소 :

생년월일 :

성명(실명) :   인

스타가
만들어지기까지

청소년 대중문화예술인 표준 부속합의서

제1조 (목적) 이 부속합의서의 목적은 대중문화예술기획업자(이하 '기획업자라 한다)와 청소년 대중문화예술인(또는 청소년 연습생, 이하 '대중문화예술인'이라 한다) 사이에 _____ (이하 '주계약'이라 한다)을 체결함에 있어서 청소년의 권익을 보다 명확하게 보호하고 청소년이 건전한 인격체로 성장할 수 있도록 지원하는데 필요한 사항을 정하는 것에 있다.

※ 위 빈칸에 기획업자와 대중문화예술인 사이에 체결한 주계약의 정확한 명칭을 기재하십시오.

제2조 (적용) 이 부속합의서는 별도의 계약을 구성하고 있으며, 주계약보다 우선 적용된다.

제3조 (청소년의 자유선택권 보장) 대중문화예술인은 기획업자에 대하여 자기 의사를 자유롭게 밝히고 스스로 결정할 권리를 가지며, 기획업자는 대중문화예술인의 자유 선택권을 침해하지 않아야 한다.

제4조 (청소년의 학습권 보장)

① 기획업자는 대중문화예술인이 「교육기본법」 제8조에 따른 의무교육을 받을 권리를 보장하여야 한다.

② 기획업자는 대중문화예술인이 의무교육 외의 「초·중등교육법」에 따른 학교 교육을 받을 것을 원할 경우 이에 협조하여야 한다.

제5조 (청소년의 인격권 보장)

① 기획업자는 대중문화예술인이 안전하고 쾌적한 환경에서 자기발전을 추구하고 올바른 가치관을 확립하여 건전한 인격체로 성장할 수 있도록 노력하여야 한다.

② 기획업자는 대중문화예술인에게 폭행, 강요, 협박 등을 하여서는 아니 된다.

③ 기획업자 또는 기획업자 소속 임직원(임원은 등기임원을 말하며 직원은 고용 형태를 불문한다)이 대중문화예술인에 대하여 사회 상규에 위배되는 폭력 또는 성폭력을 행사하거나 학대를 한 경우, 대중문화예술인은 계약을 해지할 수 있다.

제6조 (청소년의 신체적·정신적 건강 보장)

① 기획업자는 대중문화예술인이 「학교보건법」 제7조의 건강검사에 참여할 수 있도록 협조하여야 한다. 다만, 대중문화예술인이 대중문화예술용역의 제공 등 부득이한 사유로 건강검사에 참석하지 못할 경우, 기획업자는 대중문화예술인이 이에 상응하는 건강검사를 받도록 조치하여야 한다.

② 기획업자는 필요 시 대중문화예술인이 심리 건강에 관한 상담 또는 검사 등을 받도록 조치하는 등 대중문화예술인의 정신적 건강을 보호하기 위해 노력하여야 한다.

제7조 (청소년의 수면권 및 휴식권 보장) 기획업자는 대중문화예술인이 적절한 휴식과 수면시간을 보장받을 수 있도록 대중문화예술제작업자와 협의하는 등 제반 조치를 하는 데 노력하여야 한다.

제8조 (청소년의 대중문화예술용역 제공 시간)

① 기획업자는 아래 〈표〉에 규정된 바에 따라 대중문화예술인이 대중문화예술용역을 제공할 수 있도록 대중문화예술제작업자와 협의하는 등 제반 조치를 하는 데 노력하여야 한다.

〈표〉 청소년의 대중문화예술용역 제공 시간 제한

구 분	대중문화예술용역 제공 시간 제한	대중문화예술용역 제공 시간 제한
15세 미만의 청소년	• 주당 35시간 이내	• 오후 10시에서 오전 6시까지 금지 * 단, 용역 제공일의 다음 날이 학교의 휴일인 경우에는 청소년과 법정대리인의 동의하에 자정까지 제공 가능
15세 이상의 청소년	• 주당 40시간 이내 * 단, 청소년이 합의할 경우에는 1일 1시간, 1주일 6시간 한도 연장 가능	• 오후 10시부터 오전 6시까지 금지 * 단, 청소년과 법정대리인이 동의하는 경우에는 오후 10시에서 오전 6시 사이에도 제공 가능

※ 「대중문화예술산업발전법」의 청소년 대중문화예술용역 제공 시간 제한에 관한 규정이 개정될 경우 위 〈표〉는 개정 내용에 따른다.

② 국외 활동을 위한 이동, 장거리 이동 등 정당한 사유가 있는 경우에는 제1항의 〈표〉에 따른 대중문화예술용역 제공시간에 관한 제한을 적용하지 않는다. 다만, 이 경우에도 기획업자는 제4조 및 제7조에 의한 대중문화예술인의 학습권, 휴식권, 수면권이 보장될 수 있도록 노력하여야 한다.

제9조 (청소년에게 금지된 행위 및 청소년 출입금지 장소)

대중문화예술인은 「청소년 보호법」에 따라 음주·흡연 등 청소년에게 금지된 행위를 해서는 아니 되며, 청소년의 출입이 금지되는 장소에 출입해서는 아니 된다.

제10조 (청소년 대중문화예술용역 제공 알선의 제한)

① 기획업자는 「청소년 보호법」에 따라 청소년의 고용이나 출입이 금지되는 업종에 대하여 대중문화예술인의 대중문화예술용역 제공을 알선해서는 아니 된다.

② 기획업자는 대중문화예술인에게 과다한 노출 및 지나치게 선정적으로 표현하는 행위를 요구할 수 없다.

제11조 (청소년 유해행위의 금지)

기획업자는 「청소년 보호법」에 따른 청소년 유해행위를 하여서는 아니 되며, 대중문화예술인이 대중문화예술용역과 관련하여 제3자로부터 이러한 유해행위를 요구받은 경우 대중문화예술인을 보호하기 위해 필요한 조치를 취하여야 한다.

제12조 (청소년 법정대리인의 권한 등)

① 대중문화예술인의 법정대리인은 기획업자가 대중문화예술인을 대리하여 체결한 대중문화예술용역 제공계약의 내용 및 관련 일정을 요청할 수 있으며, 이 경우 기획업자는 대중문화예술인의 법정대리인에게 이를 지체 없이 제공하여야 한다.

② 대중문화예술인의 법정대리인은 주계약에 따른 기획업자의 활동(교육활동을 포함한다)에 대하여 자신의 의견을 언제든지 제시할 수 있다. 이 경우 대중문화예술인의 법정대리인은 미리 대중문화예술인과 협의하여야 한다.

③ 대중문화예술인의 법정대리인은 기획업자에게 대중문화예술인의 정산자료를 비롯한 관련 정산내역을 요청할 수 있으며, 이 경우 기획업자는 대중문화예술인의 법정대리인에게 이를 지체 없이 제공하여야 한다.

④ 기획업자가 대중문화예술인에게 주계약 및 이 부속합의서의 위반 사항 시정 요구 및 계약 해제 또는 해지, 손해배상의 청구를 할 경우에는 대중문화예술인의 법정대리인에게도 통보하여야 한다.

제13조 (청소년의 정산금액 지급)

대중문화예술인이 기획업자에게 정산금액의 지급을 청구하는 경우, 대중문화예술용역에 대한 보수청구권이 법정대리인에게 있다는 계약이 있더라도, 기획업자는 대중문화예술인에게 정산금액을 지급하여야 한다.

제14조 (확인 및 보증)

기획업자는 대중문화예술인에 대하여 「대중문화예술산업발전법」에 따라 대중문화예술기획업자로 등록한 것을 확인하고 보증한다.

등록번호: _____

제15조 (계약의 실효) 이 합의서는 대중문화예술인이 만 19세가 되는 해의 1월 1일이 되는 날에 그 효력을 상실한다.

계약체결 일시 :　　　 년　　 월　　 일

계약체결 장소 :

기획업자

주소 :

회사명 :

대표자 :　　　　　　　 인

스타가
만들어지기까지

대중문화예술인

주 소 :

생년월일 :

성 명(실명) :   인

대중문화예술인의 법정대리인

대중문화예술인과의 관계 :

주 소 :

생년월일 :

성 명 :   인